반길주 著

뿌리출판사

북극곰 사회 -The Polar Bear Society-
미국의 사회 자본과 한국의 미래

반길주 著

뿌리출판사

추천의 글

2010년 몰아닥친 시련을 통해 안보라는 것은 한국인 모두가 힘을 합쳐 함께 지켜내고, 관리해야 한다는 것을 다시한번 깨닫게 되었다. 우리 모두는 한국사회라는 공간에서 함께 살아간다. 그리고 그러한 사회가 단합된 힘을 발휘할 때 안보역량도 커지기 마련이다. 따라서 한국 사회의 바람직한 방향에 대해서 고민하고 지혜를 전달하는 이 책은 어느 때보다 그 의미가 크다 할 수 있다.

건강한 사회는 안보위기를 함께 극복시켜주는 힘을 가지고 있고, 우리 한국이 이룩한 경제적 성공을 지속 가능케 하는 근원적 모체이다. 이 책은 우리와 가장 가까운 미국의 사회를 주도면밀하게 분석함으로써 우리 사회가 나아가야할 방향을 통찰력 있게 제시한다. 또한 이 책은 우리의 동맹국인 미국에게 한 수 가르쳐주는 능동적 동맹 역할도 담겨 있다.

무엇보다, 이 책은 한국인으로서의 자부심과 긍지를 일깨워 줌으로써 '내'가 아닌 '우리'라는 관점에서 한국인을 함께 뭉치게 하는 저력을 갖고 있다. 따라서 기성 세대와 젊은 세대를 포함한 한국 사회의 모든 일원에게 이 책을 권하고 싶다.

2010. 12. 30.

채 명 신 (전 주월 한국군 사령관, 전 브라질 / 그리스 / 스웨덴 대사)

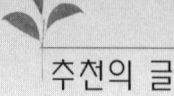

추천의 글

간혹 우리는 해외에 나가서야 비로소 우리의 장점을 뒤늦게 발견하게 될 때가 있다. 그것도 늘 우리 사회가 배우고 닮아야 한다고 생각해온 선진국에 가서, 그간 단점이라고 생각해온 우리의 전통이나 문화적 특징 속에서 오히려 선진국들도 갖지 못한 훌륭한 강점을 발견하고 새삼스레 놀라게 되는 경우가 있다. 한국인 특유의 공동체적 사고가 바로 그런 우리의 우수한 특징이라고 이 책은 주장하고 있다.

이 책은 정치학의 선진이론과 연구방법을 배우러 미국에 간 저자가, 물질적으로는 풍요롭게 발전했지만 원자화되고 공동체적 유대감이 미약한 일반적 미국인들의 삶에 충격을 받고, 미국의 가족, 친구관계, 이웃, 직장, 그리고 학교생활을 사회자본이란 개념을 이용하여 심층적으로 탐구, 분석한 것이다.

흥미롭게도 북극곰과 펭귄들의 생활양식과 사회자본을 결부시킴으로써 사회자본이란 개념을 더 잘 이해할 수 있도록 해주는 장점을 가진 이 책은, 세계화와 선진화의 물결 속에서 우리 사회의 공동체적 유대감이 얼마나 소중한 자산인가를 다시한 번 깨닫게 해준다. 따라서 미국 사회에 대한 이해는 물론, 21세기 한국 사회의 지향점을 모색하는 데 있어서도 이 책을 한번쯤 꼭 읽어보길 권한다.

2010. 12. 30.

김영호(정치학 박사, 국방대학교 교수)

Prologue

인간은 태생적으로 사회적 동물이기 때문에 사람들과 관계를 맺고 대화하며 어울리면서 살아야 한다. 즉, 사람들은 바로 공동체적 유대감을 바탕으로 사회라는 공간 속에서 혼자가 아니라 함께 살아간다. 공동체적 유대감이 높은 사회에서는 사회자본도 높다. 이런 사회는 펭귄사회이다. 펭귄들은 혹독한 남극에서 공동체적 생활을 통해 서로서로 의지하면서 추위를 견뎌낸다. 반면 공동체적 유대감이 결여된 사회는 사회자본의 추락으로 이어져 사회 뿐만 아니라 국가의 다양한 측면을 약화시킨다. 이러한 사회는 북극곰사회이다. 북극곰은 혹독한 북극에서 공동체에 의지하지 않고 혼자 살아간다. 외롭고 힘든 삶이다. 그는 북극의 제왕이지만 혼자이다.

전례 없는 세계의 패권국인 미국의 사회는 북극곰 사회이다. 공동체적 유대감은 이미 너무 많이 상실한 상태이고, 따라서 사회 자본은 실종상태에 가깝다. 따라서 미국의 얼굴은 건강해 보이지만, 내부는 병들고 있다. 옆집에 사람은 살지만 이웃은 없으며, 학교에는 스승과 제자간의 공동체는 없다고 할 수 있을 정도로 느슨하다. 패이스북(facebook) 친구는 있지만 죽마고우는 없고, 공원은 많지만 사람들은 주위 사람들과 함께 어울려 운동을 하거나 나들이를 하는 것을 꺼리기 때문에 대부분 텅 비어있다. 즉, 미국의 경제적 자본은 막강해도 사회적 자본은 너무도 부실하다.

이러한 사회자본의 추락이라는 슬픈 현실은 미국 내에 머무르지 않고, 세계화의 흐름 속에 각국으로 수출되고 있다. 이러한 시점에서 사회 자본을 잃고 있는 미국의 현실을 파악해 봄으로써 우리의 사회가 어느 위치에 있는지 가늠해보는 것은 지속가능한 대한민국의 발전을 위해 매우 중요하다. 세계의 정치, 경제, 문화 등 다양한 분야에서 주역이 되고 있는 우리 대한민국이 그 추동력을 잃지 않으려면, 한국의 내부, 즉 사회가 건강해야하기 때문이다.

  우리의 한국 사회는 아직 펭귄 사회이다. 하지만 북극곰 사회의 영향을 받으며, 우리의 전통적인 강한 공동체적 유대감이라는 핵심 동력을 조금씩 잃어가고 있다. 우리 사회가 펭귄사회의 모습을 유지하는 것은 두 가지 측면에서 매우 중요하다. 먼저, 우리의 사회가 건강할 때 사회자본 상실로 고생하는 우리의 소중한 동맹국 미국에게 펭귄 사회에 대해 가르쳐줄 수 있다. 더욱 중요한 점은 우리 사회가 펭귄사회를 유지할 때 우리가 지금까지 일구어낸 정치적·경제적 기적들이 더욱 승화되어 지속적인 발전을 이룩할 수 가 있다. 따라서 이 책이 우리의 사회 자본 동력을 더 이상 잃지 않고, 나아가 동력을 더 강하게 하기 위한 지혜를 보태는 목소리가 되기를 바란다.

  박사과정 중의 학문적 연구는 이 책을 담금질하는 소중한 툴이 되어주었고, 3년 이상의 미국에서의 사전 조사와 체험, 그리고 다양한 세대를 아우르는 수많은 심층 인터뷰 등은 이러한 툴을 테스트하는 소중한 자료가 되었다. 이러한 과정에서 미국이 북극곰 사회화가 되었다는 것을 깨닫고 사회를 원상회복해야 한다는 목소리를 자세히 전해준 북극곰 사회에 사는 펭귄 미국 친구들 Fred Blohm, Jared Blitz와 기타 여러 삶의 이야기를 전해준 미국인들에게 감사함을 전한다. 그들의 목소리는 우리 사회가 어떻게 하면 이런 잘못된 비포장도로를 따라가지 않을 수 있을까하는 방안강구와 노력의 일환인 이 책의 피와 살이 되어주었다.

2011. 1. 20.
반 길 주

목 차

추천의 글 / **채 명 신** (전 주월 한국군 사령관, 전 브라질 / 그리스 / 스웨덴 대사) ······ 4

/ **김 영 호** (정치학 박사, 국방대학교 교수) ··················· 6

Prologue ··· 8

제1장 미국 사회 자본의 폭락 ·· 15

제1절 세계의 역할 모델 (Role model) : 미국의 외부 모습 ······ 17
제2절 비역할 모델 : 미국의 내부 모습 (북극곰 사회) ············ 25

제2장 미국의 경제적 자본과 사회적 자본의 불균형 ········· 33

제1절 만병통치약 경제적(물질적) 자본(Capital)? ················ 35
제2절 인간을 지배하는 자본이라는 리바이어던(Leviathan) ······ 36
   1. 공간 결정 ·· 37
   2. 리더 결정 ·· 39
   3. 서비스 정도 결정 ··· 41
   4. 교육수준 결정 ··· 43
   5. 건강 결정 ·· 45
제3절 소외된 사회 자본 (Social capital) ······························ 50
제4절 사회 자본 하락의 근원 ··· 53
   1. 도시화 ·· 53

2. 세대교체 ·· 54
  3. 예외주의의 변종 : 고립주의 ·· 56
  4. 증대되는 빈부 격차 : 사회자본의 불균형 ································· 58
  5. 개인주의와 이기주의의 혼동 ··· 60

제3장 미국의 추락한 사회 자본의 현상과 문제점 ······ 63

제1절 가면 밖의 착각들 ·· 65
제2절 고립된 미국인들 ·· 69
제3절 사회자본 추락의 모습들과 문제점들 ································ 75
  1. 이웃 공동체가 없는 북극곰 사회 ··· 75
  2. 직장 공동체를 기대하지 않는 북극곰 사회의 직장문화 ········· 82
  3. 시민 조직과 클럽의 비활성화 ·· 85
  4. 피상적 친구 문화 : 친구 공동체의 몰락 ································· 90
  5. 하향 평준화된 공교육과 북극곰 학교 공동체 ························ 99
  6. 규정과 법이 지배하는 구조 하에 도외시되는 규범과 관습 ····· 123
  7. 가정교육 없는 가족문화 ··· 129
  8. 시민사회를 위축시키는 거대 공권력 ····································· 130
제4절 흔들리는 초강대국 미국 : 사회자본 추락의 내부
  여파들 ·· 147

1. 이기주의의 확산 ·· 147
2. 시스템의 노예화 ·· 153
3. 시민 건강의 악화와 사회적 문제화된 비만 ············ 158
4. 개인 정신 건강의 악화와 범죄 1등 국가의 위치 ······ 162
5. 비사회적 개인의 양산 ······································ 169
6. 펭귄 사회에서 온 사람들에게 주는 부정적 영향: 북극곰 도미노 174
7. 정치 견제력의 약화 ·· 177
제5절 흔들리는 초강대국 미국 : 사회자본 추락의 외부
여파들 ··· 182

제4장 미국 사회 자본을 복구할 수 있는 작지만
희망적 신호들 ·· 187

제1절 국가 존중 의식의 구조화된 모습 ··················· 189
제2절 미국의 또 다른 사회 : 군인 공동체 ················· 198
제3절 시골 공동체 ··· 200
제4절 관용적인 엘리트 정치 문화 ·························· 202
제5절 미국 사회를 복구하려는 이민자의 노력 : 이민 공동체 ··· 206
제6절 자선 공동체 ··· 208
제7절 인터넷 공동체 ·· 209

제8절 차별을 금지하는 공식적 제도들 ⋯⋯⋯⋯⋯⋯⋯⋯ 212
제9절 아직 잔류하고 있는 공동체적 풍습 ⋯⋯⋯⋯⋯⋯ 214
제10절 북극곰 사회를 인식하는 작지만 의미 있는 목소리들 ⋯ 216

제5장 한국의 사회자본 진단과 지속발전을 위한 지혜 ⋯⋯⋯⋯⋯⋯⋯⋯⋯⋯⋯⋯⋯⋯⋯⋯⋯⋯⋯⋯ 221

제1절 한국의 사회자본 진단 ⋯⋯⋯⋯⋯⋯⋯⋯⋯⋯⋯⋯ 223
제2절 대한민국의 지속발전을 위한 지혜 ⋯⋯⋯⋯⋯⋯ 228
   1. 배울 점과 가르쳐 줄 점을 구분하는 선구안 ⋯⋯⋯ 228
   2. 한국적 가치의 보존 ⋯⋯⋯⋯⋯⋯⋯⋯⋯⋯⋯⋯⋯ 237
   3. 건강한 국가↔사회↔개인 관계 ⋯⋯⋯⋯⋯⋯⋯⋯ 246
   4. 북극곰의 스승 펭귄 ⋯⋯⋯⋯⋯⋯⋯⋯⋯⋯⋯⋯⋯ 251

참고문헌 ⋯⋯⋯⋯⋯⋯⋯⋯⋯⋯⋯⋯⋯⋯⋯⋯⋯⋯⋯⋯⋯ 254

북극곰 사회

제1장

미국 사회자본의 폭락

제1장
미국 사회 자본의 폭락

제1절 세계의 역할 모델 (Role model) : 미국의 외부 모습

　미국은 다양한 분야에서 세계의 중심에 서있다. 냉전기간 동안 뿐 아니라 탈 냉전기에도 미국 워싱턴 디씨는 단순히 미국 정치의 중심을 넘어서 더욱더 세계 정치의 중심이 되어왔다. 또한 미국의 월스트리트는 세계 경제의 중심으로 오랫동안 자리 매김을 하여왔다.

　더불어 미국은 세계 문화의 중심 역할도 해오고 있다. 할리우드는 영화 세계화의 선봉장 역할을 하고 있다. 또한 미국의 빌보드 차트는 세계 음악 순위를 평가하는 장으로 위치를 점유함으로써 타국가의 많은 음악인들은 빌보드 차트에 그들의 음악을 알리기 위해 노력하고 있다. 더욱이 언어문화는 더욱 강력한 영향력을 행사한다. 세계의 많은 국가들이 미국식 영어 교육을 위해 국가차원에서 많은 자원을 투자하고 있다. 또한 세계에서 유학생이 가장 많은 국가도 미국이다. 교육 문화의 중심인 것이다.

 따라서 미국은 세계의 많은 국가들로부터 다양한 분야에서 역할 모델 국가로 평가되어져왔다. 조금 더 자세히 살펴보기로 하자. 우선 정치적으로 영국으로부터의 독립과정 중에 탄생한 국가라는 특수성을 바탕으로 영국으로부터의 정치기반 노하우를 활용하되 영국의 군주제를 타파할 새로운 사고로 미국의 독창적 민주주의 정치제도를 탄생시켰다. 현재 전 세계 대부분의 국가들이 당연시 생각하는 정당 정치제도도 사실상 미국의 정당 정치 모델이 없었다면 세계의 정당 정치의 발전 속도는 훨씬 더 디었을 것임은 자명하다.

 정당 정치는 새로운 국가라는 미국의 건국과정에서 과도한 권력과 참여를 억제시켜 민주정치를 제도적으로 안정시키는데 크게 기여했다. 새뮤얼 헌팅턴은 민주주의 국가 전환 시 무분별한 정치 참여와 정치동원은 민주주의 탄생의 방해꾼이 될 수도 있다고 분석하였다(헌팅턴, 1968). 그러면서 이러한 과도한 정치동원을 통제할 수 있는 것이 바로 정당이며, 따라서 정당을 중심으로 한 정치제도 구축이 민주주의 필수불가결한 조건이라고 하였다. 미국은 바로 이런 정당 정치를 구현함으로써 혼란스러운 국가 형성과정의 어려움을 극복하고 성숙한 민주주의 국가로서의 모습을 갖출 수 있었다고 해도 과언이 아닐 것이다.

더욱이 독일의 2차 세계대전 패배 이후 세계정치의 중심이 나치 독일이 아닌 민주주의 강대국인 미국 중심으로 재편된 것은 세계 안보를 위해 많은 공헌을 하여왔다는 것이 사실일 것이다. 또한 냉전기간 동안 미국 중심의 민주주의 서구 블록은 소련 중심의 공산주의 블록을 효과적으로 차단하고, 냉전에서 승리함으로써 전 세계의 민주화에 더욱 좋은 기회를 제공하여왔다. 이러한 측면에서 세계 정치중심으로서 미국은 많은 긍정적 역할을 하여왔다.

미국은 또한 세계정치 중심으로서의 위치를 계속 유지하기 위해 강력한 군사력을 보유하고 있다. 미국은 전 세계 군비의 50%에 가까운 군비를 지출하고 있다. 2009년 기준 미국은 국방비로 6천 6백억 달러 사용하였는데, 이는 2위에서 20위까지의 국방비 지출을 전부 합친 수치보다도 많은 규모이다. 이코노미스트는 세계 경제위기 속에서도 미국은 2010년 7천 억 달러를 국방비로 지출하고 있는데 이는 미국을 제외한 세계 전체 국가의 국방비를 합친 수치와 비슷하다고 보도하기도 하였다(이코노미스트, 2010년 8월 28일 21쪽). 더욱 놀라운 점은 지구를 돌고 있는 군사위성의 대부분은 미군이 운용하고 있는 것이고,

전례가 없을 정도로 미국은 100개 이상의 외국 군사기지를 보유하고 있다.

쉽게 말해 미국의 군사력은 단순한 미국 방어를 위한 국지적 군이 아니고, 전 세계적으로 힘을 투사할 수 있도록 건설된 전지구적 군이다. 미국은 전 세계를 6개 지역으로 나누어 각 지역에 통합군 사령부를 유지하고 있다. 우리나라를 포함한 아시아 지역은 태평양 사령부(PACOM)가 책임을 지고 있다.

태평양 사령부 하나만 보더라도 그 군사 규모와 영향력은 어마어마하다. 36개 국가가 있는 지역을 담당하고 있는 태평양 사령부는 태평양 함대 사령부, 태평양 공군 사령부, 태평양 육군 사령부, 태평양 해병대군 등 4개의 성분 사령부로 구성되어있다. 현역과 군무원 등을 합쳐 약 3십 2만 5천명이 근무하고 있다. 더욱이 태평양 함대 사령부는 5개의 항공모함 강습단, 180 여척의 군함과 1500 여대의 항공기를 보유하고 있다. 태평양 해병대군은 8만 5천명으로 구성된 2개의 해병 원정대를 보유하고 있다. 단 1개의 통합군 사령부 규모가 이런 막대한 규모를 자랑한다는 것은 놀랍지 않을 수 없다.

더욱이 세계 10대 방위산업체 중 7개 업체가 미국 기업이다. 우리 귀에도 익숙한 록히드 마틴, 보잉과 같은 유수한 군사무기 생산업체는 모두 미국의 방위산업체이다. 따라서 이는 미국의 군사력을 지속적으로 월등하게 유지시켜 줄 뿐만 아니라, 군사 무기를 해외로 수출함으로써 미국의 경제력도 부흥시켜 주는 시너지 효과를 유도하고 있다.

미국은 경제적으로도 세계 최고의 위치를 점하고 있다. 2009년 GDP/GNP 규모로 판단해 볼 때 미국은 약 11조 달러로 복지 부동의 1위를 유지하고 있고, 2위인 일본하고도 약 7억 달러 가까운 차이를 보이고 있다(2010년에는 중국이 GDP 규모 세계 2위 국가로 등극하였다). 또한 유로화의 등장에도 불구하고, 미국 달러는 세계 기축통화로서의 자리를 굳건하게 지키고 있다. 더욱이, 세계 500대 기업 중 3분의 1은 미국 기업이다.

미국은 자유주의 시장경제체제를 빨리 도입하고, 조기에 정착시킴으로써 강한 경제의 원동력을 갖출 수 있었다. 이러한 시장경제체제의 등장은 개인주의 사상이 경제논리에 자연스럽게 적용되면서 가능하게 되었다. 즉 집단이 아닌 개인의 이익추구 본성을 통해 자유롭게 경쟁하게 하는 시장논리로 경제가 발전하는 것을 기반으로 자유주의 경제체제가 도입되고 발전·진화한 것이다. 반대로 사회주의 경제체제는 열심히 일해도 같은 돈을 받는 현실 하에 개인으로 하여금 노동 동기를 없앰으로써 경제는 계속 퇴보하여 결국에는 구소련에서 보는 바와 같이 정치체제의 붕괴로까지 이어졌다.

미국 경제는 미국 국내 뿐만 아니라 전 세계적으로 다양하게 영향력을 끼친다. 미국 경제가 건강하면, 다른 세계의 국가들도 함께 그 건강함을 유지하지만, 미국 경제가 붕괴되면, 다른 국가들도 함께 어려움을 겪는다. 2008년 미국 모기지론에서 출발한 경제 위기는 전 세계를 강타했으며, 아직도 많은 국가들이 이 경제위기에서 탈출하기 위해 전력을 다하고 있다. 또한 미국의 기축통화가 흔들리면, 우리나라도 상당한 영향을 받는다는 점도 미국 경제의 영향을 보여주는 아주 명료한 사례일 것이다.

미국은 문화적으로는 더욱 강력한 패권국이다. 미국적 가치는 전 세계적으로 우리도 모르는 사이에 많이 퍼져있다. 미국식 민주주의는 헌팅턴이 주장한 것처럼 제3의 민주화 물결을 통해서 탈 냉전기에 가속화되어 경제적으로 빈약한 아시아, 아프리카, 그리고 남아메리카에서도 민주화를 추구하게 되었다. 많은 국가들에게 미국식 민주주의가 정치 발전의 정석인 것으로 인식되어지고 있는 것이다.

미국 문화의 세계화는 그 영향력이 실로 막강하다. 미국식 영어는 세계의 공용어화 되고 있다. 미국식 영어는 정치, 경제, 문화 등 다양한 분야에서 의사소통의 중심적 언어가 되었다. 영어를 공용어와 모국어로 사용하는 나라가 75개국 이상인 점을 감안하면, 이러한 미국식 영어의 전 세계적 확산은 더욱 증가할 것이다.

또한 미국 대학의 교육문화는 세계의 대학 교육의 메카(Mecca)로서 자리를 점하고 있다. 세계의 유능한 젊은이들은 미국의 수준 높은 대학교육을 받기 위해 앞다투어 미국행 비행기와 배에 몸을 싣는다. 유능한 학생들이 미국 대륙으로 몰리다 보니, 미국 대학의 세계 순위는 가히 놀랄 정도로 높다. 세계 순위 10대 대학 중 9개 대학이 미국 대학이다(이코노미스트, 2010년 8월 7일, 56쪽). 또한 세계 상위 20개 대학 중 17개 대학이 미국 대학이고, 상위 50개 대학 중 35개 대학이 미국 대학이다. 더불어 엄청난 경제적 자본을 바탕으로 과학과 경제 분야의 노벨상 수상자의 70퍼센트를 학교 교수로 고용한다. 따라서 미국 대학에서 만들어낸 보고서와 책 등이 세계에서 가장 많이 인용된다(이코노미스트, 2010년 9월 4일, 74쪽).

더불어 CNN과 같은 미국의 뉴스 방송사는 뉴스를 전 세계적으로 수출하면서 미국의 목소리와 전 세계의 목소리를 함께 전파하고 있다. 더욱이 미국의 대중음악과 영화는 세계화의 물결을 타고, 급속히 확산되고 있다. 미국은 세계 최대의 음악과 영화의 수출국이다. 미국의 팝스타는 우리나라에도 아주 친숙하다.

미국의 이러한 외부 모습을 종합 판단해보면, 미국은 하드파워(Hard power)와 소프트파워(Soft power)를 모두 갖고 있는 역사상 전례 없는 초강대국이자 패권국이라 할 수 있다. 이러한 미국의 위치가 우리가 쉽게 접할 수 있는 외부에서 보는 미국의 모습이라고 한다면, 미국의 내부 모습은 어떠할까? 외부 모습만큼 내부의 모습도 건강할까? 다시 말해 외부의 미국이 이렇듯 유례없는 강한 모습을 가지고 있다면, 미국 내부의 모습도 마찬가지일까?

의외로 미국의 내부 모습은 외부 모습과는 다른 길을 걸어왔다. 더욱이 미국의 너무도 강건한 외부 모습은 사람들도 하여금 미국의 내부 모습도 당연히 건강할 것으로 인식하게 하였고, 미국 내부에 대한 관심은 상대적으로 소홀하였다. 따라서 미국의 외부 모습이 전 세계의 많은 국가들에게 역할 모델이 되어왔음에도 불구하고, 사실 미국의 내부 모습은 상당히 퇴보하고 있다는 것을 파악하고 인식하는 것은 매우 중요하다.

왜냐하면 우리나라를 포함한 많은 국가들이 미국으로부터 배울 점만을 부각시키며, 이에 막대한 노력과 시간을 투자하면서, 부지불식간에 미국의 건강하지 못한 모습에는 관심을 갖지 못하며, 세계화의 물결에 휩싸여 병들어 가는 미국의 내부모습까지 배울 것으로 잘못 판단하는 경향이 있기 때문이다. 따라서 이어지는 섹션에서는 미국이 외부의 역할 모델이 될 수 없는 그들의 내부를 진지하게 검토하고 파악해보기로 한다.

제2절 비역할 모델 : 미국의 내부 모습 (북극곰 사회)

미국 내부 모습을 파악할 수 있는 가장 좋은 곳이 미국의 사회라는 영역이다. 안타깝게도, 미국 사회의 모습은 미국 외부의 모습과는 너무 다르다. 미국 사회는 물질자본의 지나친 강조와 사회자본의 실종으로 약해지고 있으며, 점점 병들어 가고 있다. 간단히 말해 미국 사회는 사회적 동물들이 어울려 사는 사회라기보다는 북극곰 사회에 가깝다.

남극과 북극은 인간의 문명과 거리를 두고 있는 미개척의 땅이다. 남극의 면적은 약 1,400만 km²이며, 북극은 약 3,000만 km²의 면적을 가진 광활한 땅이다. 사진이나 영화 등 외부에서 보면 남극과 북극의 설원은 형언할 수 없는 절경이며, 특히 빙산은 세계의 다른 곳에서는 쉽게 볼 수 없는 아름다움과 강한 힘을 자랑한다.

하지만 실제 우리가 향유하는 문명을 떠나 이러한 지역에 혼자 가있다고 생각하며 남극과 북극을 떠올려보자. 남극과 북극은 생명이 살기에는 말할 수 없이 척박하다. 극한의 추위는 말할 나위 없이, 식물은 자라기도 힘들어 적당한 음식을 찾기는 무척이나 힘들다. 이러한 척박한 환경에서도 많은 생명체들은 그 나름의 생존 전략을 가지고 잘 살아오고 있다.

하지만 생활하는 방법은 무척이나 다르며, 생존을 위한 방식은 크게 두 가지로 구분할 수 있다. 먼저 남극의 펭귄 사회이다. 펭귄은 그 척박한 땅에서 서로서로 의지하며 공동체의 삶을 영유한다. 그들은 무리를 지어 살면서 생존공동체로 부터의 혜택을 최대한 이용하려 한다. 옹기종기 모여 살면서 그들은 추위를 최소화하고 강한 바람을 이겨낸다. 그렇기에 그들 이웃의 삶이, 즉 그들의 삶에도 중요하다. 어려움에 처한 동료 펭귄에게 위험 신호를 주고 이웃 펭귄에도 지속적인 관심을 보인다. 왕성한 공동체 생활 속에 외로움도 느낄 여유가 없다.

남극의 펭귄들이 생각하는 이익은 상대이익이 아닌 절대이익이다. 상대이익은 하나의 개체가 가지면 다른 개체가 덜 가진다는 의식에서 갈등과 분열을 동반하게 되고, 그들의 이익확보를 위해 이기주의 성향을 보인다. 반면, 절대이익을 추구하는 개체는 남의 이익과 자식의 이익 추구를 절대적인 관점에도 보고 공동의 이익 추구가 가능하다고 여긴다. 펭귄들의 공동체에 대한 의존과 신뢰는 그들이 절대이익을 추구한다는 것을 의미한다. 다시 말해 펭귄 사회는 사회적 동물로 구성된 절대이익의 논리가 가동되는 사회이다.

이에 반해 어떤 동물은 펭귄과 정 반대 생활을 한다. 바로 북극 설원에 사는 북극곰이다. 북극곰은 번식기를 제외하고는 대부분의 생활을 홀로 한다. 아기곰 시절에는 엄마곰과 함께 살기도 하지만, 덩치가 커지는 2살 이후 남은 25년간의 긴 여정을 가족과 떨어져 혼자 보낸다. 척박한 땅에서 공동체 없이 혼자 사는 것은 무척이나 외롭고 힘들며 음식 하나를 구하기 위해 빙산 사이를 헤엄치는 위험도 감내해야한다. 외톨이 삶이라 공동체의 왕성한 활동도 기대하지 못한다.

북극곰은 펭귄과 같이 사냥을 함께하고 추운 겨울도 함께 이겨내는 공동체가 없기 때문에 추운 시기가 오면 겨울잠을 잔다. 펭귄들은 모여 살면서 추위를 극복하는 반면, 북극곰은 추위를 덜 느끼기 위해 동면을 취함으로써 그들 정신의 문을 잠그는 것이다. 북극곰 사회는 사회를 구성하지 않고 척박한 땅에서 혼자 살아가는 외로운 삶을 말한다. 즉 사회 없는 삶이 북극곰 사회인 것이다.

미국은 북극곰 사회이다. 미국 사회에서 공동체 문화는 급속히 퇴색되었으며, 많은 미국인들은 커다란 도시 혹은 위성도시 등에서 홀로 살아간다. 아이들은 대학 입학과 동시에 부모를 떠나 학교 인근에서 자취를 하거나 아파트에서 혼자 살아간다. 이를 독립이라는 말로 포장하기에는 다소 어색하고 빈약한 가족 공동체적 삶이다. 그리고 다양한 이유로 가족들은 광활한 미국 전역에 뿔뿔이 흩어져 산다. 나이든 노부부만 사는 경우는 아주 흔한 일이다. 부부가 함께 사는 집은 그래도 조금 나은 편이다. 이혼문제가 사회적 문제가 된 지 오래인 미국에서는 자식들 뿐만 아니라 남편 혹은 아내도 없이 혼자 사는 집도 무척이나 많다.

그러나 가족들이 공간적으로 떨어져 산다고 미국이 북극곰 사회일리는 없다. 중요한 것은 공동체문화의 추락으로 미국인들은 심리적으로도 외톨이가 되어가고 그들은 사회적 동물로서 어울려 사는 문화에서 점점 멀어지고 있다는 것이다. 사회적 동물이지만 북극곰처럼 비사회적 동물로 사는 삶은 무척이나 무미건조할 수밖에 없다. 북극곰은 사고에 기반을 둔 감정이 없어 외로움을 느끼지 않을지도 몰라도 인간은 그렇지 않다. 왜냐하면 인간은 즐거우면 웃고, 슬프면 울 줄 아는 감성적인 동물이자 사회적 동물이기 때문이다. 따라서 사고하는 인간은 종종 외로움도 느끼며, 외로움을 극복하기 위해 안간힘을 쓴다. 하지만 공동체 도움 없이 이를 극복하기는 무척이나 어렵다.

또한 미국은 지나친 경제자본 중심주의로 사회 자본은 철저히 외면되거나 도외시하고 있다. 무엇이나 과도하면 좋지 않다. 자유주의 경제사상, 그리고 자본주의 경제논리는 인간의 경쟁 심리에 착안해 시장경제의 장점을 최대화하여 인간의 물질적 삶을 풍요롭게 하는 데 크게 기여했다. 하지만 이것이 극단적 자본주의로 변질되어 사회적 인간으로서 가져야할 사회적 자본의 중요성을 망각하는 것은 위험한 일이다. 사회자본의 추락은 시민사회의 약화로도 이어진다. 사회적 동물이 아닌 혼자 놀기에 익숙한 북극곰들이 강한 시민사회를 가질리 없다.

시민사회의 기반이 흔들리면 무엇이 문제일까? 초강대국 미국의 모습이 미국의 외부 몸체라면, 시민사회는 미국 몸체의 내부이다. 외부가 아무리 튼튼해도 내부가 약하면 외부가 무너지는 것은 시간의 문제이지, 붕괴여부의 문제가 아니다. 아무리 돈이 많고, 튼튼한 사람도 자신 내부의 작은 암세포에 의해 너무도 무력하게 쓰러진다. 암세포는 자신의 내부를 지속적으로 검진하여 문제를 조기발견한다면 치유될 수 있지만, 튼튼하게 보이는 현재의 외부 모습만 믿고 내부 건강에 소홀해 암세포가 몸 전체에 퍼진다면 전체 건강은 돌이킬 수 없는 상태에 다다른다.

이러한 측면에서 미국의 내부 건강도는 외부의 건강도를 결정짓는 중차대한 요소이다. 따라서 미국의 내부가 어떤가를 조기

검진하는 것은 중요하다. 특히 우리나라가 미국과 다양하게 연결되어 있다는 점을 고려하면, 우리에게도 미국의 내부 건강도를 확인하는 일은 매우 중요한 문제일 것이다.

내부를 다스리지 못하면, 외부는 지속할 수 없는 것이다. 이러한 점에서 내부가 건강한지 살펴보고 진단함으로써 늦기 전에 이를 개선하는 노력은 무척이나 중요한 일이다. 더욱이 미국에 대한 진단은 한국의 지속발전에도 중요한 방향을 제시해준다. 한국은 미국을 모델삼아 경제적으로 발전하고 정치적으로도 성숙되어 왔다. 그렇기 때문에 미국에 대한 신뢰는 남다르고, 미국의 모습은 우리에게도 중요하다.

하지만 한국적 가치에 대한 소중함을 지키지 못한 채 미국의 모든 모습들을 무조건 따라하는 것은 매우 위험하다. 우리 한국은 모든 영역에서 미국을 모델로 삼으려하는 경향이 있다. 많은 한국 사람들은 너무도 쉽게 "미국도 이렇게 하는데, 우리도 이렇게 하는 것이 괜찮지 않나?"라고 이야기한다. 미국의 다양한 것들이 체를 거르지 않고 정책 등에 반영된다면 우리를 위태롭게 하는 해악이 될 것이다. 또한 단지 정책적 분야를 넘어 한국이 미국의 문화를 은근슬쩍 따라하든지 혹은 귀속되는 행태가 된다면 이는 더욱 위험할 것이다.

한 예로 SBS가 월드컵 독점중계를 할 때 "미국도 NBC와 같은 채널에서 올림픽을 독점중계 하는데 무엇이 문제가 되느냐?" 라는 식의 논리로 접근하였다. 이는 미국의 내부 모습을 들여다 보지 않고, 너무 쉽게 따라만 하려는 위험한 사고라고 밖에 볼 수 없다. 왜냐하면 미국의 방송은 공동체를 위한 방송시스템이 아니기 때문이다. 미국은 중계가 바로 돈이다. 우리나라처럼 애국심 차원에게 한국 팀을 응원하는 모습을 미국 사회에서 기대하기는 힘들다. 사실 미국에서는 국가 팀 대항 국제경기보다 지역 내 미식축구나 야구 경기에 관심이 더 많다. 이러한 모습은 바로 미국의 지나친 방송 상업주의의 결과이다. 미국에는 보편적 시청권이 존재하지 않고, 방송사는 돈을 더욱 많이 벌 수 있는 경기에 관심을 가진다.

한 방송국에서만 하는 스포츠 중계는 미국인들로 하여금 국가 대표 팀이 참가하는 세계적 경기에 그들의 관심을 서서히 잃게 하였고, 그 결과 미국인들은 자신의 국가가 참가하는 국제경기를 지역 내 경기수준으로 여기게 되었다. 처음에는 눈과 귀를 의심할 정도로 이해가 안가는 부분이었지만, 미국의 극단적 상업주의를 알게 되면서, 이러한 부분을 이해할 수 있게 되었다.

지나친 상업주의에 노출된 미국인들은 방송에 대한 신뢰가 높지 않고, 국제 경기에 대한 관심도 적다. 관심 있는 사람들은 북극곰처럼 외롭게 혼자 TV로 경기를 시청하지, 한국처럼 한곳에 함께 대규모의 응원전을 펼치는 것은 상상속의 일이다. 잘해야 맥주 집에 가서 삼삼오오 모여 경기를 시청하는 정도이다. 우리 나라가 어설프게 점점 상업주의의 물결에 쉽게 흔들리면서 미국의 방송 상업주의를 모델로 삼아 따라가려는 것은 내부를 병들게 하는 싹을 만들어내는 것이다. 더 나아가 사람이 움직이지 않고 돈이 움직이는 북극곰 미국 사회를 무조건 따라하는 것은 우리가 5000년 동안 지키고, 간직한 소중한 한국적 가치를 너무 하찮게 생각하는 것과 다를 바가 없다.

북극곰 사회

제2장

미국의 경제적 자본과 사회적 자본의 불균형

제2장
미국의 경제적 자본과 사회적 자본의 불균형

제1절 만병통치약 경제적(물질적) 자본(Capital)?

미국에서 경제적 자본 규모는 바로 그 사람의 신분을 결정하는 절대적인 지표로 각인되어있다. 극단적 상업주의도 자연스럽게 받아들인다. 미국의 빈부격차는 계속 확대되고 있지만, 시민사회 내부에서 이 문제점에 대한 공론화는 활성화되지 않고 있다. 미국에서 돈은 만병통치약으로 통하기 때문이다.

미국에서 돈은 사람의 삶의 공간, 정치 리더십, 그들이 받는 대우, 교육 기회 정도, 심지어는 건강수준을 결정하는 만병통치약이 되었다. 이러한 만병통치약은 경제적 자본 우상화와 사회적 자본의 무기력화로 만병 해악으로 변해가고 있다. 이를 살펴보기 전에 미국의 사회에 경제적 자본이 얼마나 잠식되어 있는 지를 살펴볼 필요가 있다.

제2절 인간을 지배하는 자본이라는 리바이어던(Leviathan)

영국 철학자 홉스는 1651년 출간된 저서 Leviathan을 통해서 인간들의 관계를 자신의 보존을 추구하는 과정에서 생기는 투쟁의 관계로 묘사하였다. 그러면서 구약성서에 나오는 영생의 괴물 리바이어던을 국가라고 비유하면서 인간들은 자신의 이익을 보장하고 보다 평화로운 삶을 영유하기 위한 그들의 권리를 국가에 맡겨야 한다고 주장한다. 이러한 리바이어던은 사람들에게 권력의 힘을 행사할 수 있는 국가라는 강력한 존재를 의미한다고 할 수 있다.

독일의 사회학자 막스 베버 또한 국가를 주어진 영토 내에서 적법한 폭력사용에 대한 독점권을 소유하는 제도적 연결체로 정의하면서, 국가에게 주어진 강력한 힘을 설명한다. 즉, 국가는 합법적으로 법을 어긴 사람을 감옥에 가두거나 심지어는 생명까지 빼앗을 수 있는 막강한 존재라는 것이다. 하지만 막강한 존재임과 동시에 국가는 모든 국민들이 향유할 수 있는 공공재도 제공한다. 사실 현대 문명 하에 국가의 도움 없이 할 수 있는 것은 없다. 예를 들어 다른 국가로 여행이라도 가려면, 여행지 국가의 비자가 필요한데 국적 없는 사람에게 비자를 발급해주지는 않는다.

이러한 측면에서 국가는 무서운 리바이어던이기도 하지만 우리의 삶을 지켜주고 보호해주는 우리의 평생지기이기도 한 것이다. 21세기 미국은 국가 이외에 혹은 국가보다 더 강력한 힘을 가진 권력적 존재가 있고, 더욱이 평생지기가 아니라 사회 갈등을 부축일 수 있는 강력한 존재가 있는데 그것은 바로 물질적 자본인 돈이다. 돈은 미국인들이 생활해나가는 거의 모든 것을 통제하고, 힘을 투사할 수 있는 절대 권력이 된 것이다.

1. 공간 결정

미국에서 돈은 사람의 행동반경을 결정하고 삶의 공간을 너무도 에누리 없이 반영한다. 미국 월마트에 가면 겉으로 보기에도 극빈층으로 보이는 사람들이 다른 대형마트 보다 훨씬 많다. 그리고 연 회비를 받는 코스트코(Costco)에 가면 월마트(Wal Mart)에서 많이 보이던 극빈층 사람들을 거의 발견할 수 없다. 더욱이 고급 백화점에 가면 미국 내의 다른 국경지대인 것처럼 부유층들로 부산하다. 그리고 고객들에 대한 대접은 저가 매장이냐 고급 매장이냐에 따라 매우 다르다. 월마트에 가면 직원으로부터 친절도를 기대할 수 없고, 코스트코에 가면 친절도가 많이 높아지고, 고급 백화점에 가면 최고의 친절도를 기대할 수 있다.

 마찬가지로 맥도널드 햄버거 가게에 가면 극빈층 사람들이 주류를 이루고, 이탈리안 식당과 같은 곳에 가면 극빈층은 아예 찾아 볼 수가 없다. 우리나라에서는 맥도널드 햄버거 음식점이 부자라고 해서 가거나 가지 않고 하는 곳이 아니다. 하지만 미국에서 아무도 이야기 하지도 않고 가시적으로 드러내지도 않지만, 부자들이 가는 곳과 빈곤층들이 모여 있는 곳은 현실 속에서 극명하게 드러나고 차이가 난다. 이러한 모습은 생활의 구석구석까지 돈이 사람을 만드는 현상을 단적으로 보여주는 예라고 할 수 있다.

 더 나아가 미국에서 돈이 공간을 결정하는 모습은 운동경기장에 가보면 더욱 명확히 드러난다. 좌석에 따라 입장권의 금액이 다르다는 것은 어느 나라가 마찬가지일 것이다. 하지만 그 정도의 차이는 무척이나 다르다. 우선 미국의 NBA 농구 경기장은 무지무지하게 크다. 따라서 자리도 무척이나 많고, 가격에 따라 철저하게 분리된 다양한 섹션이 있다. 좋은 자리와 나쁜 자리의 가격차는 수백 달러씩 나기도 한다. 비싼 자리는 선수의 얼굴 표정도 확인할 수 있을 정도이지만, 값싼 자리는 선수가 개미보다 작게 보인다. 도무지 점수를 냈는지, 공은 누가 가지고 있는지 파악할 수조차 없을 정도로 말이다.

야구장도 마찬가지이다. 미국인들도 경기 중 관중석으로 날아오는 공을 잡아서 기념으로 가져가는 것을 무척 좋아한다. 문제는 공이 잘 날아오는 자리와 그렇지 못한 자리가 있다는 것이다. 전자의 자리는 입장권이 무척이나 비싸다. 값싼 섹션에 있는 사람이 공을 받아보려고 값비싼 섹션으로 잠시 이동이라도 하면 섹션지기가 못 가게 막는다. 자리에 앉는 것도 아니고, 공을 받아보려고 잠깐 서있는 것조차도 못하게 한다. 따라서 공은 비싼 자리에 앉아있는 관람객이 독식한다. 실제로 값비싼 섹션에 앉아있던 한사람이 공을 10개 이상 받아서 챙겨가는 것을 보기도 하였다. 결국 공은 일부 사람의 독차지가 되는 것이고 그것도 비싼 돈을 지불한 관람객의 몫인 것이다. 야구장에서 공을 갖는 것은 행운의 논리가 아니고 돈의 논리로 해석하는 것이 맞다고 보아야 할 것이다.

2. 리더 결정

물질만능주의를 보여주는 또 하나의 분야가 돈의 리더결정력이다. 경제적 자본의 동원 없이는 미국에서 리더가 될 수 없다.

미국 대부분의 정치인은 사실 극부층이다. 그러나 아무리 부자라도 선거시장의 자본 규모가 너무 크기 때문에 각종 모금을 통해 이를 해결한다. 2008년 대선 당시 오바마 후보는 약 7억 5천만 달러 모았고, 매케인 후보는 약 3억 5천만 달러를 모았다. 그야말로 상상을 초월하는 선거비용이다.

선거비용을 많이 쓸 수 있는 후보는 당선 가능성이 압도적으로 높다. 이러한 후보들은 투표권자에 결정적인 영향을 미치는 TV에 각종 선거광고를 할 수 있기 때문이다. 이러한 광고의 비용은 천문학적이다. 따라서 돈 없이는 자신들을 제대로 알릴 수 없다는 의식은 이미 통념화된 지 오래이다. 특히 북극곰 문화에서 TV는 북극곰의 둘도 없는 친구이다. 그래서 후보자들은 TV의 선거광고에 더욱 더 많은 돈을 쓰려고 한다.

이는 모든 형태의 선거에서 다 마찬가지이다. 상원의원 선거 혹은 하원의원 선거도 돈의 힘 없이는 당선이 절대적으로 불리하다. 많은 다른 국가에서도 선거비용이 점점 높아지고 있는 것이 사실이다. 하지만 미국에서는 후보자들이 사용한 선거비용과 당선여부는 지나치게 합리적인 정비례관계이다. 즉 돈을 더 쓰면 당선되고, 그렇지 못하면 당선되기 힘들다는 것이다. 로스엔젤스 타임즈는 2010년 캘리포니아 선거와 관련해서 선거자금이 가장 중요하다고 보도하기도 하였다 (로스엔젤스 타임

즈 2010년 5월 2일). 또한 2010년 8월 실시된 당내 경선 결과 아리조나주 공화당 상원후보로 현직 상원의원인 매케인 후보가 선출되었는데, 지역뉴스는 그의 승리의 가장 큰 이유로 후보 중 가장 많은 돈을 썼다고 보도하기도 하였다.

3. 서비스 정도 결정

미국에서 서비스와 돈은 정비례관계이다. 미국의 팁 문화를 살펴보자. 미국 식당에서 종업원들은 고객으로부터 보다 많은 팁을 받기위해 서비스에 안간힘을 쓴다. 그들이 팁에 연연할 수 밖에 없는 이유는 팁은 부가 수입이 아니라 그들의 주 수입이기 때문이다. 고용주가 다 줄 수 없는 혹은 줄 의지가 없는 최저임금을 고객에게 요구하는 것이다. 팁이 종업원들의 주 수입원이다 보니 이는 정식 소득으로 처리되고 따라서 받는 만큼 소득세도 지불해야한다.

이러한 팁 문화는 사회 깊숙이 자리 잡고 있어 준 강제성이 있는 것이나 다름이 없다. 피자 배달시도 팁을 주어야 하고 택시기사도 팁을 기대한다. 따라서 팁을 내지 않은 고객을 보면 그들은 당황한다. 혹시라도 팁을 지나치게 적게 주거나 혹은 주지 않는 사례를 방지하기 위해 그들은 서비스에 매진한다.

반면 한국의 식당은 개인주의가 아닌 고용주와 종업원들의 공동체적인 팀워크의 원리가 작동된다. 한 명의 종업원이 실수나 결례를 하면 식당의 이미지가 나빠지고 이로 인해 식당의 수입이 줄게 되고 이는 결국 고용주나 종업원 모두의 피해가 된다. 하지만 미국의 식당에서 한 종업원이 서비스를 제대로 하지 않거나 결례를 하면, 그 해당 종업원이 가장 피해를 입게 되는 형태로 식당이라는 하나의 직장 공동체내에 존재하는 또 다른 개인주의 시스템이라 할 수 있다.

물론 미국 식당에서도 고객이 불편을 겪거나 음식에 문제가 있으면, 책임자가 나와 직접 사과하고 이에 대한 보상을 한다. 하지만 우리나라와는 달리 팁이라는 이상한 매개변수가 작용해 팀워크보다는 개인중심 논리가 가동된다. 따라서 미국 식당에서 종업들이 보이는 친절이 손님에 대한 배려보다는 돈하고 관련되어있다는 생각에 받는 친절이 돈으로 포장된 친절이라는 불편한 진실을 인식하지 않을 수 없다.

개인의 이익을 위해 움직이는 것이 자본주의이고 이것이 바로 자본주의 시장경제체제를 움직이는 원동력인 것은 사실이지만, 돈(물질적 요소)과 친절도(심리적 요소)를 직접 결부시키는 지나친 합리성은 왠지 다르다는 생각을 갖지 않을 수 없다.

팁 문화 외에도 고급 매장과 저가 매장과는 서비스의 정도가 어마어마하게 차이가 난다. 굳이 최상류층만이 다니는 명품매장이 아니더라도 어느 정도 수준 이상의 백화점이나 고급 매장만 가더라도 월마트에서 겪는 수준 낮은 친절도와는 정반대의 대우를 받는다. 쉽게 말하면 같은 고객이라도 돈이 있는 사람들은 더욱 대접을 받고, 그렇지 못한 사람은 매장으로부터 품격 높은 친절은 기대도 하지 않는다는 것이다.

4. 교육수준 결정

물질적 자본은 또한 자녀들의 교육수준에 절대적인 영향력을 미친다. 미국 상당수의 부모들은 미국의 공교육이 너무 취약하다는 것을 안다. 그러나 열정은 부족하다. 또한 상당수는 경제적 여유도 부족하다. 경제적 여유가 부족하면, 우리나라처럼 그냥 포기하지 집에 있는 소라도 팔려는 생각은 하지도 않는다.

따라서 돈은 학생들의 교육받는 수준과 기회정도를 결정한다. 미국의 부유층 부모들은 미국의 공교육이 형편없다는 것을 알기에 사립학교를 보내려고 한다. 미국에 사립학원은 거의 없지만, 사립 초등·중등·고등학교는 많다. 물론 가격은 천문학적으로 비싸다. 많은 사립학교들이 기숙사 비용을 포함해 한 학년에 내는 비용이 3만 불에 육박하기 때문에 생계가 급하고 건강보험도 제대로 갖고 있지 못한 빈곤층 부모들은 그들의 자녀를 사립학교에 보내는 것은 엄두를 내지 못하는 것이 현실이다.

따라서 부유층 일부만 다니는 미국 교육의 특별지정구역이 자연스럽게 형성된다. 이러한 사립학교 출신 학생들은 차별화된 교육을 받고 명문대에 진학하며, 다른 학생보다 혜택 받고 유리한 위치에서 사회생활을 시작한다. 직접적 부의 대물림은 아니지만, 빈부간의 격차는 교육수준의 차이로 이어져 결국 간접적 부의 대물림이라는 현상을 초래한다.

돈에 따라 학생들이 질 좋은 교육을 받는 환경이 당연하게 들릴 수도 있다. 하지만 우리나라는 가정의 경제적 형편에 관계없이 자신들의 아이들은 수준 높은 교육을 받게 하기 위해 열과 성을 다하는 것이 우리의 교육 문화이다. 미국 학부모의 약한 교육열정을 모르는 사람이라면, 이러한 교육 문화를 좋지 않은 것으로 평가할 수도 있지만, 이러한 교육에 대한 지극어린 한국 부모들의 관심이 없었다면, 다른 아시아 국가들이 부러워하는 지금의 한국은 없었을 것이다.

미국 부모는 교육에 대한 열정이 한국 부모에 비해서 거의 없는 것이나 다를 바가 없다. 자녀들의 가까운 미래, 즉 자녀의 대학 교육에 사용하기 위해 돈을 저축하는 문화는 존재하지 않고, 학생 개개인이 알아서 은행 등을 통해 학자금을 융자받아 학비를 내는 것이 관습처럼 되어있다. 그래서 융자를 받아가면서까지 공부를 할 의지가 없거나 더욱이 돈을 갚을 능력이 없는 학생들은 대학 진학을 아예 포기하거나, 상당수 학생들은 대학을 중도에서 포기한다. 한국 부모처럼 열정을 갖고 적극적으로 지원하며, 자녀들이 수준 높은 교육으로 무장되어 능력 있는 일꾼으로 자랄 수 있는 환경조성은 미국 부모들의 몫도 숙제도 아닌 것이다.

5. 건강 결정

미국에서 돈이 없으면, 병원진료받기가 매우 힘들다. 특히 의료보험이 없으면 진료비가 더욱 천문학적이다. 그래서 극빈층을 위한 무료진료소가 운영되고 있지만 고급진료를 기대하기는 힘들다. 돈이 없으면 병들어도 아프면 아픈대로, 불편하면 불편한대로 살아야 되는 게 중하위계층에서는 남의 일이 아니다.

돈이 어느 정도 있는 중산층도 의료비가 너무 비싸 난이도 높은 의료서비스를 받으러 해외로 나가는 경우도 발생한다. 또한 병원은 예약제로 운영돼 작은 진료도 한 달 이상 기다리는 경우가 다반사여서 작은 진료를 위해 해외로 가는 경우도 있다.

더욱 무서운 것은 갑자기 쓰러져 응급차 서비스를 받으면, 수백 불에서 수천 불까지 내야 한다는 것이다. 그러나 이러한 서비스는 미국의 또 다른 응급서비스 비용에 비하면 명함도 못 내민다. 한 예로 미국 내 국립공원에서는 등반 전에 공원 직원이 나와 등반 전 수칙을 알려준 적이 있다. 그 중 공원 직원이 반복과 반복을 거듭해 강조한 것이 있다. 그것은 산세가 험해 산을 올라가다가 갑자기 다치거나 쓰러질 수 있는데, 이런 경우 등산객의 의지와 상관없이 그들이 헬기 구조대를 불러야 한다는 것이다. 당사자가 안 불러도 된다고 해서, 안 부르면 그들이 책임을 물어야 하기에 꼭 불러야 한다는 것이다. 그러면서 산이 높아 다른 구조수단은 없고, 헬기 구조를 해야 한다는 것을 덧붙였다.

문제는 헬기 구조대가 무료서비스가 아니라는 것이다. 헬기 구조서비스를 받으면 천문학적인 돈을 지불해야 한다. 구조받은 등산객은 수십 만 불까지 내야 될지도 모른다면서 공원 직원 자신도 이야기하고 그들이 처한 환경이 다소 우스웠는지 난감해하는 표정도 지었다. 즉 어설프게 잘못 구조되었다 패가망신 할 수도 있으니, 자신 없는 사람은 처음부터 아예 등반하지 말 것을 권고했다. 사실 우리나라 북한산 보다는 산세가 험하지 않아서 다소 이해가 가지 않는 대목이었다. 역시 미국은 자본의 논리가 너무도 강하게 작동하는 사회이자 인간중심의 논리가 움직이는 사회가 아니라는 것을 인식할 수 있는 한마디였다.

돈이 건강을 결정한다는 논리는 미국인들이 먹는 음식에서도 드러난다. 미국의 음식은 기름진 것이 많고, 건강하고는 거리가 먼 음식들이 대부분이다. 그렇다고 모든 미국인들이 이런 음식만을 먹는 것은 아니다. 비만 문제가 심한 만큼 다이어트를 위한 다양한 프로그램도 무척 발달되어있다. 그 중 살찌지 않는 음식을 중심으로 맞춤형 음식 서비스를 제공하는 회사도 많다. 부유층들은 이런 서비스를 손쉽게 이용하지만, 빈곤층은 맥도널드, 웬디스와 같은 인스턴트 식품을 먹어야하고, 가뜩이나 살찐 사람들이 다이어트가 아니라 더욱 살이 찌는 음식을 먹음으로써 비만의 악순환에 놓이게 되곤 한다.

우리나라의 음식문화는 기본적으로 음식의 가격이 높건 높지 않건 간에 쌀을 주식으로 한 문화이기 때문에 적은 돈으로도 건강한 식품을 사먹을 수 있는 반면, 미국의 음식문화는 그렇지 못한 것이다.

따라서 미국에서는 빈곤층의 비만률이 높다. 2004년 9월 21일 중앙일보는 비만과 빈부 격차로 미국인의 평균수명이 후진국 수준으로 떨어졌다고 보도했다. 덧붙여 연구를 진행한 미네소타 대학 자료를 토대로 중앙일보는 "워싱턴시의 빈민가에서 태어난 남성은 몇 블록 떨어진 부유층 지역에 사는 여성보다 평균수명이 40년이나 짧다"고 보도했다.

개인이 가진 경제적 부는 운동성향과도 깊은 관련이 있다. 놀랍게도 미국은 넓은 땅을 자산으로 하여 시골과 같은 작은 지역에도 야구장, 축구장 등이 무수히 많다. 따라서 팀 스포츠하기에는 아주 좋은 물질적 자산을 가지고 있다. 그러나 그 좋은 구장들이 평일뿐 만 아니라 주말에도 텅 비어있는 것을 쉽게 발견한다.

이 구장을 이용하는 사람들을 간혹 발견하기도 한다. 다시 말해 팀 스포츠를 하는 미국인들도 있다. 그러나 내막을 들여다보면 사회자본이 아닌 경제자본 논리가 구장을 이용하는 사람들의 행태에 녹아내려있다. 자생적인 목적이 아닌 영리목적으로 아이들에게 운동을 가르쳐주고 팀 스포츠를 하도록 하는 실리위주의 모임인 것이다. 학기 전에 부모들은 어느 운동모임에 아이들을 보낼 것인지를 가격표를 보면서 결정을 한다. 그리고 주말에 이웃 팀과 경기를 하려면 기본비용 외에 다른 경기 비용을 지불한다. 자생적으로 만들어진 동호회라면 회원들은 돈을 내고 운동에 참여하거나 다른 팀과 경기하기 위해 돈을 지불하지는 않을 것이다.

이러한 현상은 부자와 가난한 사람간의 건강 불균형과 사회자본 불균형이라는 또 다른 문제를 낳는다. 미국은 이미 심각한 경제적 빈부격차라는 사회적 문제를 가지고 있는 국가이다. 하지만, 이제는 그에 부가하는 사회자본의 빈부격차라는 어떻게 보면 더욱 어려운 문제로 번지고 있는 것이다.

부유층은 더 많은 시간과 돈을 가지고 있어서, 더욱 여유를 가지고 자녀들에게 유니폼을 사주고, 상당한 클럽 비용을 지불하면서 자녀들이 팀 운동에 참여하게 한다. 왜냐하면 동네에서 아이들끼리 자발적으로 운동 그룹이 만들어지지 않기 때문이다. 반대로 빈곤층에게는 돈을 주고 운동을 하는 것은 사치일 수밖에 없다. 미국의 정치학자 로버트 퍼트남은 이러한 사회자본 불균형 배분의 문제를 예리하게 지적한다. 그는 미국과 같은 선진 민주주의 국가에서 사회자본의 몰락이 있어왔지만 개인 사회자본은 오히려 증가하여왔다고 주장한다(퍼트남, 2004). 다시 말해 상류층은 하류층 보다 풍부한 경제자본을 바탕으로 그들의 자녀들을 운동클럽에 보낸다. 따라서 상류층의 자녀들이 더 건강하다. 더불어 이러한 운동 클럽을 통해 상류층 자녀들은 또래들과 어울림으로써 어려서부터 하류층 자녀보다 더 많은 사회 자본을 형성하게 된다.

살펴 본 것처럼 물질적 자본의 역할은 미국 사회에서 너무도 중요하고 따라서 많은 미국인들에게 생명줄인 것으로 인식되어져왔다. 하지만 정반대로 물질적 자본의 강조와 반비례로 비물질적 자본인 사회 자본은 철저히 외면되어왔다.

제3절 소외된 사회 자본 (Social capital)

　사회 자본이란 무엇이며, 물질적 자본과 다른 사회 자본은 우리 사회와 국가에 어떠한 영향을 미치는가? 많은 정치학자들은 사회 자본을 국가의 정치참여도와 결부시켜 연구한다. 미국의 비교정치학자 퍼트남은 1993년의 저서 *Making Democracy Work*를 통해 사회 자본을 사람들의 상호작용(서로간의 유대적이며 공동체적인 어울림)을 촉진시키는 심리적인 성향으로 정의한다.

　그러면서 시민들의 유대적 상호작용 하에 건강하게 기능하는 시민사회는 정부를 올바른 방향으로 행동하고 반응하게 함으로써, 민주정부의 기능을 활성화시킨다고 주장한다. 다시 말해, 사람들의 자연스러운 어울림으로 설명되는 공동체적 연대감은 건강한 민주주의와 성숙한 민주주의를 기능케 하는 필수 요소라는 것이다.

　퍼트남은 또한 2000년의 저서 *Bowling Alone*을 통해 사회 자본의 중요성을 더욱 강조한다. 50십 만 명 정도의 인터뷰를 포함한 방대한 자료를 수집하고 분석한 결과를 토대로 그는 세대교체로 인해서 미국은 급속도로 사회 자본을 잃고 있다고 경고

한다. 미국인들은 다양한 공동체에서 점점 더 멀어져가고 있으며, 친구들을 점점 덜 만나며, 심지어는 가족들과 왕래하는 빈도도 줄이고 있다는 것이다.

더불어 이러한 미국의 사회자본의 하락은 사람들로 하여금 정치 참여도를 저하시켜 민주주의의 지속적 기능메커니즘을 해칠 수 있다고 경고한다. 퍼트남은 볼링을 공동체 몰락의 대표적인 예로 언급한다. 사람들이 어울려 운동하는 볼링이 이제는 혼자 즐기는 운동이 되고 있는 것은 사회 자본하락의 대표적 예들 중의 하나이고, 이러한 추락하고 있는 사회자본의 모습들은 민주주의 기능유지에도 악영향을 끼친다는 것이다.

퍼트남은 2003년의 저서 *Better Together*를 통해 사회 자본의 다각적인 문제를 보다 구체적으로 제시한다. 그는 서구 산업화된 민주국가에서 사회 자본의 추락이 이루어지고 있으며, 이와 동시에 개인적 사회 자본은 오히려 증가되고 있다는 현상도 관찰한다. 그러면서 불균형적으로 배분되고 있는 사회 자본을 보다 냉철하게 지적한다.

즉 상류계층은 하류계층보다 더욱 많은 돈과 시간을 갖고 있어 더욱 많은 사회 자본을 보유하고 있다는 것이다. 상류층은 물질적 자본을 바탕으로 그들끼리 더욱 잘 어울리면서 사회 자본을 키우고 있는 반면, 하류층은 더욱 더 인적 네트워크와 상호작용의 유대적 공동체를 잃고 있다는 것이다. 더욱이 그는 이러한 사회 자본 불균형은 결국 시민 사회를 손상시킬 수 있다고 경고한다.

종합해 판단해 보면 사회 자본은 개인이 주변의 공동체와 연결되어있는 역량 혹은 정도를 말한다고 할 수 있다. 따라서 사회자본의 정도는 정치참여 역량을 넘어 사회 전반적 기능을 원활히 하는 힘을 가진 내재적이며 포괄적 힘을 갖고 있다. 퍼트남이 언급한 것처럼, 선진 산업 국가에서는 경제적 자본이 많은 사람들이 사회적 자본이 많기도 하다. 이런 몇몇 국가들은 경제적 자본의 역량이 사회적 자본의 역량을 결정한다. 경제적 빈부격차는 사회적 자본의 격차도 유발하는 악순환을 만들어 내는 것이다.

하지만 세계 전역의 국가에서 경제 자본이 많다고 사회 자본도 반드시 많은 것은 아니다. 하루 1달러의 생활비로 사는 최극빈층이 가장 많이 있는 아프리카대륙의 사람들은 부족 단위 혹은 지역 단위로 그들 나름의 끈끈한 유대관계를 바탕으로 공동체의식이 아주 발달되어 있다. 따라서 선진국보다 상대적으로 사회자본 배분의 불균형 현상은 훨씬 덜하다. 또한 인구의 5분의 1 이상이 극빈층인 이집트인들도 경제빈곤으로 인해 그들의 어려움을 끈끈하게 연결된 공동체라는 곳에서 의지하면서 극복해나간다(이코노미스트, 2010년 7월 17일자 Special Report on Egypt 12~14쪽). 인도의 간디는 경제자본은 없었어도, 사회 자본으로는 세계 제일의 부자였다.

  이러한 사회자본이 전반적으로 잘 스며들어 있는 사회는 펭귄 사회이다. 반면에 사회 전반에 사회자본이 실종되었거나, 혹은 사회자본이 부유층에게만 집중되어있는 사회는 북극곰 사회이다. 미국의 사회는 북극곰화의 길을 걷고 있다. 아니 조금 더 여과 없이 평가한다면 이미 북극곰 사회가 되었다. 그렇다면 무엇이 미국 사회로부터 사회 자본을 빼앗아 가고 있는 것일까?

제4절 사회 자본 하락의 근원

1. 도시화

  첫 번째 문제는 구조적인 문제로 산업화 물결의 부산물로 형성된 도시화이다. 도시화는 여러 문제점을 야기시키고 있지만 특히 핵가족화를 유도시킨다. 도시화된 사회에서는 혼자 사는 사람들이 많고, 혼자 살다보니 가족 공동체를 잃게 된다. 가족 공동체는 사회 공동체를 이끄는 첫 출발점이라는 것을 감안하면, 가족 공동체의 약화는 사회 자본을 약화시키는 연결고리의 첫 번째 링크로써 작용한다.

도시화된 미국에서는 많은 사람들이 혼자 살면서 가족 공동체의 부재를 당연히 생각한다. 하지만 도시화는 미국만의 문제는 아니고, 전 세계적인 이슈라는 점을 감안한다면, 왜 미국이 특히 더욱 심각한 사회자본 하락에 노출되었을까를 궁금해 하지 않을 수 없다. 이에 대한 해답은 미국에 만연한 개인주의적 사고에서 찾아볼 수 있다. 도시화가 개인주의라는 사고와 만남으로써 사회 자본의 하락은 불이 난 곳에 기름을 붙이는 격으로 그 속도를 더욱 내고 있는 것이다. 반면 시골 공동체는 미국 전반에 내재되어 있는 개인주의 사상에도 불구하고 보다 더욱 사람들끼리 어울리며, 따라서 더욱 많은 사회 자본을 갖고 있다. 더욱이 시골 공동체는 개인주의가 이기주의로 덜 변질되어있다. 개인주의와 이기주의의 차이는 추후 더 자세히 살펴보고자 한다.

2. 세대교체

퍼트남은 가족 구조 변화, 직장 환경 변화, 세대교체, TV와 컴퓨터의 사회 독점현상 등의 요소를 미국 사회자본 하락의 원인으로 꼽고 있다. 특히 신세대는 물질 만능주의하의 사회적 구조에서 태어나 너무도 쉽게 물질적 자본에 몰입하고 비물질 자본인 사회 자본은 소홀히 하는 경향이 있다고 피력한다.

퍼트남은 신세대가 구세대보다 자발적인 조직 활동이나 각종 클럽 활동을 적게 하며, 사회적 공동체 참여에 관심이 덜하다고 지적하였다. 실제로 신세대들은 현실세계의 사회 활동보다는 컴퓨터를 통한 가상 활동에 더욱 친숙하다. 구세대가 종이나 볼펜과 같은 필기도구를 첨단 제품이 아니라 그들이 태어날 때부터 존재한 당연한 생활필수품으로 여기는 것처럼, 신세대에게 컴퓨터는 새로 개발된 첨단 테크놀러지가 아니라 태어날 때부터 있었던 자연스러운 생활도구이기 때문이다.

따라서 신세대들은 컴퓨터를 통한 가상공간을 더욱 친숙하게 생각하고, 이러한 지나친 가상공간의지 현상은 실제 공간의 공동체적 유대감에 대한 관심을 등한시하게 하는 결과로 이어진다. 그리고 이에 대한 전 국가적 확산은 사회 자본의 하락으로 이어진다. 그런데 이와 같은 전자혁명이 왜 특히 미국에서 사회 자본의 붕괴현상을 더 심화시키는 것일까? 이 또한 앞서 말한 개인주의적 사고의 변이가 문제이다. 물질만능주의와 시장주의가 팽배해짐에 따라 개인주의적 사고가 개인의 물질이익을 추구하는 이기주의로 변질됨으로써 이러한 문제가 미국에서 더욱 심하게 나타나는 것이다.

3. 예외주의의 변종 : 고립주의

미국은 광활한 대륙이라는 이미지하고는 전혀 다른 고립주의가 전반에 팽배하다. 이는 미국의 예외주의하고 관련이 있다. 문제는 이러한 고립주의가 북극곰 사회화를 더욱 부추긴다는 점이다. 미국은 역사적으로 예외주의를 강조해왔다. 미국은 신의 소명을 받았고 무엇이든 다른 나라와는 다르다는 것이다. 미국이라는 국가형성 당시 종교적 신념에서 시작된 예외주의 사상은 사회나 국가 할 것 없이 미국에 전반적으로 퍼져있다. 부시 행정부 당시 권력의 핵심에 있던 네오콘은 미국의 이러한 예외주의를 대외정책에 반영하기도 하였다.

예외주의로 무장한 미국은 아시아 국가뿐만 아니라 서구 국가들과도 무척이나 다른 점들이 많다. 예를 들면, 유럽국가 등지에서 쉽게 찾아 볼 수 있는 각종 사회복지제도가 미국에서는 화성의 이야기이다. 사회적 불평등이 심해도 사회복지에 사용하는 돈은 최소화하려고 한다. 학문적으로도 미국은 유럽과 다른 예외주의를 지향한다. 미국 정치학에서 숫자와 통계를 이용한 계량적 연구는 지나칠 정도로 중요시 간주된다. 다시 말해 사회과학의 한 부분인 정치학이 자연과학을 지나치게 따라하려는 경향이 있는 것이다. 하지만 유럽은 사회과학은 자연과학과 다르다는 인식하에 숫자만으로는 사회 현상을 이해하기 어렵다고 주장한다. 따라서 이러한 이원화를 대서양을 놓고 나누어진 미국 학파(American school)와 영국 학파(British school)의 대립으로 설명하기도 한다.

이러한 예외주의 사상 하에 미국인들은 심지어 스포츠도 다르게 해야 한다는 인식하에 그들만의 스포츠를 만들려고 노력해 왔다. 영국과 유럽 등지에서 활성화된 럭비를 따라하고 싶지 않아서 그들만의 럭비, 즉 미식축구를 만들었고, 그 결과 미국에서 가장 인기 있는 스포츠가 되었다. 또한 영국과 영국 연방 국가에서 즐겨하던 크리킷을 따라하고 싶지 않아서 이를 변형시켜 그들 자신만의 운동인 야구를 만들었다. 미식축구는 수출에 실패해서 안방 경기가 되었지만, 야구는 상당 부분 타 국가로 수출도 되었다.

미국은 무엇인가 다르고 특별하기 때문에 그들은 세계의 정치, 경제, 문화, 스포츠 모든 것들을 특별한 자신들이 이끌고 나가야한다고 생각한다. 그러나 이러한 예외주의 적 사고는 미국 밖의 세상이 얼마나 넓고 또한 다양한지를 보는 의지와 능력을 침해시켜 그들을 고립화시키고 있다. 미국인들은 초등학교 시절부터 그들이 최고라고 교육을 받으며, 외부 세상에 대해서는 관심을 갖지 않고, 외부의 목소리에는 귀를 기울이지 않는다. 미국인들만의 예외주의가 미국인들만의 고립주의를 낳은 것이다.

 이러한 고립주의는 건강한 시민사회를 갖고 있는 외부 국가들과 그들을 비교하는 것조차 꺼리게 함으로써 붕괴되고 있는 그들 사회의 모습이 얼마나 문제인지를 깨닫게 하는 사고 기능을 정지시키고 있다. 따라서 일반 미국인들의 외부에 대한 지식은 너무 심할 정도로 희박하다. 아시아에는 중국과 일본 외에는 어느 국가가 있는지 모르는 경우가 많으며, 아프리카 대륙은 더더욱 관심 밖이다. 자기 자신만이 탁월하고 다르다고 생각하는 사람은 발전을 기대할 수 없으며, 더욱이 자신이 잘못 걷고 있는 길도 바른 길이라고 생각하는 법이다. 미국 사회는 고립주의로 이러한 환경에 심각하게 노출되어있다. 따라서 미국 밖의 다른 사회로부터 배우려고 하지 않는 점은 추락한 미국 사회자본의 부활을 더욱 어렵게 하고 있다.

4. 증대되는 빈부 격차 : 사회자본의 불균형

 빈부 격차도 사회 자본에 해악으로 작용한다. 빈부 격차의 문제는 미국만의 문제가 아니라, 전 지구적 문제가 되고 있는 것도 사실이다. 하지만 미국의 빈부격차는 극도로 이원화되어있다. 잘 알려져 있는 것처럼 미국 하위계층 50%가 가진 물질적 자원을 다 합쳐도 2~3% 상위계층 수준 밖에 안 된다. 따라서 저축은 해야 소용도 없고, 버는 돈은 그냥 바로 써버리는 소위 소비적 경제문화(Spending culture)를 만들어 낸다. 또한 소득 불균형 현상이 이미 구조화되어 있어 이를 개선하는 것은 손조차 대기 힘들다.

능력 있는 사람이 부자가 되는 것은 자본주의 발전의 원동력이다. 하지만 퍼트남이 경고한 것처럼 지나친 물질적 빈부격차가 사회 자본의 불균형으로까지 이어진다는 것은 더욱 심각한 문제이다. 부자들은 그들끼리 막대한 물질적 영향력을 바탕으로 그들끼리 어울리며 사회 자본도 키워가지만, 빈곤층은 정반대로 사회 자본마저 잃고 있는 것이다.

더욱이 능력있는 부자가 극단적 개인주의와 결합될 때 건강한 시민사회를 더욱더 어렵게 만든다. 한 연구는 부자가 더욱 이기적이고 어려운 처지한 처한 사람을 돕는 것에 덜 관대하고, 오히려 가난한 사람이 자신들보다 더 가난한 사람들을 도와준다는 점을 보여주기도 하였다(이코노미스트, 2010년 7월 31일, 64쪽). 사실 특권층은 빈곤층보다 다른 사람과의 협력을 덜 필요로 한다. 그들은 경제안보에 대해서 걱정을 할 필요가 없기 때문이다. 따라서 공동체적 유대감은 그들의 생존에 필수불가결한 요소가 아닌 것이다. 반면 가난한 사람들은 주위의 도움을 더욱 필요로 할 수밖에 없다. 그러한 처지를 경험한 사람들은 이기주의 보다는 조금이나마 남을 도우려는 포용주의가 더욱 생기게 되는 것이다.

5. 개인주의와 이기주의의 혼동

미국에서 개인의식은 개인 중심적 이익추구로 바뀌어 가고 있다는 것도 사회 자본의 추락과 깊은 관련이 있다. 미국에서는 개인주의와 이기주의를 구분하기가 점점 더 어려워지고 있다. 개인주의는 큰 조직 공동체를 목표에 두지 않고 개인의 목표를 추구하기 위해 사는 삶이다. 다시 말해, 개인의 삶을 중시하며, 개인이 공동체의 부속이 되지 않으려는 모습이기에 긍정적인 측면도 있다. 더욱이 개인주의는 상대방에 대한 배려도 강조한다. 개인 자신의 위치가 존중되기 위해서는 그들이 다른 사람도 배려해야한다고 생각하기 때문이다. 따라서 개인주의는 개인적 합리성에 기반을 두되 남을 의식할 줄 아는 사고라고 할 수 있다. 하지만 이기주의는 지나친 자기이익추구를 바탕으로 자신만을 생각하고 남에 대한 배려는 뒷전이다. 따라서 자신의 행동이 부적절해도 부끄러워 할 줄 모르는 모습이 너무 쉽게 나타나기도 한다.

이기주의가 만연한 사회는 당연히 공동체적 유대감이 둔감할 수밖에 없다. 미국 사회에서 사람들의 이익추구는 단지 개인주의라고 주장하지만, 북극곰화 되어가는 현 사회현실에서 개인주의와 이기주의를 구분해내는 것은 불가능하고, 오히려 이기주의자들이 그들의 행태를 개인주의라고 정당화하는 도구로 오용되고 있기도 하다.

그렇다면, 추락한 사회 자본을 어떻게 관측할 수 있을까? 그리고 이로 인한 파생된 문제점들은 어떤 것들이 있을까? 이어지는 섹션에서는 이에 대한 해답을 찾고자 한다.

북극곰 사회

제3장

미국의 추락한 사
회 자본의 현상과
문제점

제3장
미국의 추락한 사회 자본의 현상과 문제점

제1절 가면 밖의 착각들

　미국인들의 친절한 모습에 외부인들은 미국인들의 예절을 높이 평가하는 것을 종종 발견하다. 미국인은 "Thank you," "I am sorry" 혹은 "Excuse me" 라는 말들을 습관처럼 자주 사용한다. 그리고 건물로 들어갈 때 다른 사람이 도착할 때까지 출입문을 잡고 기다리곤 한다. 심지어는 기침을 하면, 전혀 모르는 사람이지만 "Bless you" 라고 하면서 반응을 한다. "Bless you" 라는 언어적 습관은 서양 사람들은 재채기를 하면 혼이 빠져나간다고 생각을 하였고, 신이 이를 보호해주기를 바라는 차원에서 시작된 것이다.

　이처럼 미국인들이 주위를 살필 줄 아는 최소한의 습관이 있다는 점은 좋은 모습으로 여겨야지 문제를 삼아야할 모습은 아닐 것이다. 그러나 이러한 모습들은 오랜 언어적 습관에서 비롯된 것이지 전통적 예절문화에서 비롯한 것이 아니다. 따라서 이러한 모습들은 수준 높은 예절문화에서 비롯된 것으로 착각하여, 우리의 예절문화보다 높은 것으로 성급한 판단을 내리면 안된다.

미국의 이러한 습관의 기반은 르네상스 이후 서양에서 급속히 퍼진 개인주의 사상에 있다. 개인주의는 국가나 사회보다 개인을 우선시하는 사상이다. 개인이 우선시되는 반면 미국인들은 자신의 개인우선권을 지키기 위해 다른 개인의 우선권을 보장하려 노력한다. 그래서 그들은 그들 나름의 개인 공간을 철저히 확보하려고 한다. 부딪히거나 다른 사람의 발을 모르고 밟는 수준이 아니라도 단지 개인의 확보공간을 자신도 모르게 넘어서서 다른 사람에게 불편을 끼쳤다고 생각했을 때 "I am sorry"와 같은 언어로 습관적 반응을 한다.

그래서 미국인들은 이러한 표현을 하지 않은 외부의 사람들을 종종 이해하지 못한다. 구글(Google)을 검색하면 "Why are Koreans rude?"라는 질문을 어렵지 않게 발견한다. 그들은 자신들이 습관적으로 사용하는 말을 다른 사람이 하지 않으면 상당히 불편하게 생각한다. 사실 한국 사람들은 "Thank you"를 덜 할지 몰라도 대신 더욱 예의를 갖추어 고개를 살며시 숙인다.

여기에서 이분법적인 생각에 바탕으로 두고 어느 습관 혹은 어느 예절이 더욱 좋은지를 따지기를 원하지는 않는다. 로마에 가면 로마법을 따르라는 말처럼 세상의 많은 사회들은 각자 고유의 문화를 가지고 있기 때문이다. 단지 강조하고픈 점은 미국 사람들이 이러한 말들을 자주 사용한다는 것이 우리 보다 수준 높은 뿌리 깊은 문화에서 비롯된 것은 아니라는 점이다. 이에 대한 인식을 깊게 하지 못하면 우리도 모르는 사이에 무조건 우리의 가치를 과소평가 할 수 있기 때문이다.

언어는 한 사회에 예절문화가 있는지 없는지를 판단하는 중요한 지표이다. 우리나라 언어에는 다른 나라에 없는 소중한 예절문화가 녹아내려있다. 한국어에는 존칭어가 있다. 예를 들면 선생과 선생님은 180도 다른 호칭이며 안녕과 안녕하십니까?는 다른 인간관계를 의미한다. 이런 언어 형태를 통해 본 우리 문화는 인간들이 어울려 서로를 존중하고 대우하는 공고한 사회성에 그 뿌리를 두고 있다는 점을 짐작할 수 있다.

반면 미국에는 이러한 언어예절은 없다. 사람을 부를 때 직함을 부르는 우리와는 달리 미국은 나이와 직책에 관계없이 이름을 부른다. 그들이 서로 이름을 부른다고 반드시 친해서 그런 것은 아니다. 그것이 그들의 언어이고 문화이기 때문이다. 이름을 부르는 미국의 호칭문화가 얼핏 보면 편리하게 보일지 모른다. 하지만 언어예절을 기반을 둔 한국의 호칭문화는 사회성 측면에서 훨씬 더 큰 장점이 있다. 이러한 언어는 사회적 이탈자를 방지하는 데 훨씬 더 유리하다. 왜냐하면 언어예절은 서로를 사회적 동물로 인식한다는 큰 틀에서 시작하기 때문이다. 더욱이 이러한 언어예절은 극단적 개인주의를 차단해주는 효과가 있다.

그렇다고 미국의 영어가 존칭이 없는 언어라고 예절이 없는 문화라고 성급히 판단하는 것은 안 되는 일일 것이다. 처음 미국에서 나이에 관계없이 쉽게 이름을 부르는 모습을 보고, 아주 오래 전부터 이렇게 해왔겠지 라고 생각했었다. 그러나 미국의 한 할아버지는 이러한 모습은 세대변화와 함께 급격하게 변한 한 단면이라고 이야기해주셨다. 그 할아버지가 어렸을 때는 삼촌, 고모, 이웃 아저씨들의 이름을 함부로 부르지 않았다고 한다.

더욱 놀라운 점은 1950~60년대만 해도 많은 부분에서 한국의 문화와 비슷한 호칭 및 예절문화를 갖고 있었다는 것이다. 어른들을 보면 자리를 양보하고, 이웃들에게 인사를 하는 문화가 너무 자연스러운 모습이었다는 이야기를 해주셨다. 그러나 이러한 예절문화는 개인주의의 변질, 산업화, 도시화, 그리고 핵가족화와 함께 서서히 퇴색되어갔다는 것이다.

미국에서 개인주의는 사회에 상당부분 긍정적인 영향을 준 것은 사실이다. 영국의 군주제에서 개인의 종교적·정치적 자유를 위해 떠난 초기 미국 정착민들은 개인주의 사상에 힘입어 군주권력에게 빼앗긴 그들의 개인 권리를 찾아오기 시작했고, 새로운 땅에 자유민주주의를 탄생시켰다. 하지만 초기의 이러한 순수한 개인주의 정신은 극단적으로 변질되어갔고 이제는 개인주의와 이기주의를 구분하기가 어려운 상황에 놓인 것이다. 개인의 부 축적이 무엇보다 중요하고 이러한 과정에서 다른 사람에 대한 관심은 도외시 된다. 미국인들은 절대이익보다는 상대이익을 추구하는 경향이 생겼다. 따라서 직장동료, 이웃 혹은 친구들 간에 서로 어울리고 도우면서 공공의 이익을 창출하려는 모습은 많이 퇴색되었다.

제2절 고립된 미국인들

미국의 땅은 참으로 광활하다. 미국은 러시아, 캐나다 다음으로 세계에서 세 번째로 넓은 면적을 가진 나라이다. 하지만 넓은 면적에 사는 미국인들은 대륙인으로서 살기 보다는 대륙에 고립된 채 살아간다. 북극곰들이 북극이라는 빙하의 땅에 고립되어 밖의 세상에 눈을 돌리지 않는 것과 비슷하다.

그들은 큰 미국 땅에서 무슨 일이 일어나는지 아는 것도 힘들기 때문에 외국 일에는 더욱 관심이 없다. 학교에서 세계사 교육은 거의 소외된 과목으로 존재하며 어떻게 보면 미국은 다르고 미국은 위대하다는 미국의 예외주의의 결과로 미국만을 생각한 채 다른 곳을 보는 여유는 갖고 있지 않다. 한 젊은 미국 친구는 자신도 미국이 최고라는 교육 하에 다른 국가의 역사는 사실상 교육받지 못했고, 관심도 없었다는 말을 토로했던 적이 있다. 아이러니하게도 그 친구의 전공은 역사였다.

같은 학과 미국 대학원생도 미국 교육이 세계사에 무척 소홀하고 관심이 없다는 것을 토로한 적이 있다. 그가 배운 세계사에 관련된 교육은 1차와 2차 세계대전에 멈추고 더 이상 배우지 않았으며, 더욱이 세계대전도 일부만 떼어내어 조금 배우는 것이 전부라고 말했다. 그리고 한국이 베트남전에 2번째로 가장 많은 병력을 보냈다는 사실에 놀랐다. 그가 어려서부터 들었던 것은 호주도 베트남에 병력을 파병시켰다는 것이 전부이고 한국이 아시아에서 베트남에 병력을 보냈다는 것은 매우 놀라운 일로 인식하였다. 물론 미국인의 세계사에 대한 지식수준을 일반화시켜 주장하기는 어렵다. 그러나 전문 분야에 종사하지 않는 일반 미국인과 이야기 해보면 해볼수록 그들이 외부 세상에 대한 지식이 얼마나 부재한지 그리고 그들이 바깥세상을 알려고 하는 의지가 얼마나 없는지, 쉽게 알 수 있다.

더불어 소식을 전달하는 TV 역할의 부재도 미국인들을 고립시키고 있다. 신뢰를 잃은 미국의 TV 방송은 세계의 다양한 모습을 보여주기 보다는 마이클 잭슨과 같은 엔터테이너를 앞다투어 보도한다. 사실 미국의 TV가 미국 내의 정치, 경제, 사회와 같은 중요한 이슈도 잘 다루지 않은 현실을 감안하면, 미국 밖의 소식을 기대하는 것은 사치일지도 모른다.

미국이 어떻게 움직이는지 그리고 미국이라는 우물 밖에서는 어떠한 일들이 벌어지는지, 알려면 TV 뉴스를 시청하는 것이 아니라, 자신이 시간을 반드시 할애해서 New York Times와 같은 다양한 기사를 다루는 신문을 잘 선정해서 읽어야한다. 하지만 힘든 경제 삶 속에서 신문 읽는데 시간 투자는 쉽지가 않고 사실 큰 관심도 갖지 않는 형편이다. 따라서 많은 미국인들은 세상소식은 말할 필요도 없고, 미국내의 소식에도 상당히 정보가 느리다.

한국 사람들은 종종 미국 사람들이 우리 보다 책을 많이 읽는다고 이야기한다. 실제로 대중교통을 이용하다 보면 상당수의 미국인들이 책을 읽는 모습을 발견한다. 놀라운 점은 그들의 손에 들려있는 것은 세상에 대한 지혜를 넓혀주는 신문 혹은 정치·경제 주간지 보다는 공상과학 소설과 같은 재미 위주의 책들이라는 점이다. 소설과 같은 책도 인간들을 풍요롭게 하는 힘을 가지고 있다. 문제는 세상소식에는 귀를 닫은 채, 소설에만 매진하는 모습은 다소 부자연스러운 모습이라 할 수 있다. 반면 우리나라 사람들은 소설과 같은 책을 읽는 것 보다 신문을 보는데 더 관심이 많은데, 신문과 다른 책을 모두 다 읽는 독서문화가 정착된다면 우리 시민사회는 더욱 발전할 수 있을 것이다.

미국은 정신적 혹은 정보적으로 고립되었을 뿐만 아니라 경험적으로 고립되어있다. 외국인들이 미국을 경험하기 위해 미국으로 관광을 오거나 유학을 오는 경우는 많지만 미국인들이 외국에서 유학하거나 관광을 하는 비율은 상대적으로 매우 낮다. 많은 미국인들이 아시아를 생각하면 영화에 나오는 것처럼 전통적인 의상만 입고 다니는 추상적인 생각만 갖고 있는 경우가 아직도 많다.

한 한국 유학생이 자신의 경험담을 이야기 한 적이 있다. 교수의 초청을 받아 간 집에서 전자레인지를 소개해주며 이것의 용도까지 자세히 설명해주는 것을 보면서 깜짝 놀랐던 적이 있다고 한 적이 있다. 즉 그 교수는 한국에서 이러한 현대화된 제품을 갖고 있을 것이라고는 차마 생각하지 못했던 것이다. 소위 지식층마저 이 정도로 고립되었다는 것은 놀랍지만 이것은 하나의 특수한 사례일 뿐 모든 미국 지식층이 이처럼 고립되어있다고 보기는 어려울 것이다. 사실 이제 한국은 세계 상품을 따라가는 것이 아니라 주도하는 국가가 되었기 때문이다. 현대, 삼성, LG와 같은 한국 대기업의 상품은 미국 전역 어디에서든 쉽게 찾아 볼 수가 있다.

하지만 많은 일반 대중들은 그들이 사용하는 상품이 어느 나라 제품인지 모르는 경우가 많고, 사실 크게 관심도 갖지 않는다. 이런 사실은 계량화해서 정확히 몇 퍼센트의 미국 사람들이 무지한지를 확인하기는 힘들지만, 삶의 경험을 통한 판단은 충분히 가능하다. 미국인들이 많이 모이는 한 모임에서 몇몇의 젊은 미국인에게 현대자동차를 아는지, 그리고 삼성 핸드폰을 사용해 본 적이 있는지 물어본 적이 있다. 질문받는 모든 미국인은 언급한 기업을 알고 있었다. 하지만 그 제품이 어느 나라 기업에서 만든 것인지 아는가라는 질문에는 잘 모르겠다는 대답을 했고, 한 미국인은 아마도 일본제품인 것 같다는 대답을 했고, 다른 미국인은 미국 기업 아니냐고 반문을 하였다. 한국 제품이라고 가르쳐 주었을 때 매우 놀라는 반응을 보였다.

이 처럼 외국에 대한 실제 체험을 갖지 못한 미국인들은 외국에 관심도 없고 자신의 고립을 인식하지도 못한 반면, 외국을 체험했던 미국인들은 세상의 넓은 모습을 강조하면서 이야기 하였다. 미국 밖 세상을 경험한 미국인들은 어느 나라 제품인지

구분하는 단순한 모습을 넘어 그들이 얼마나 고립되어 살았는지에 대한 그들의 새로운 자각을 이야기하였다. 동유럽 국가를 경험했던 한 미국인은 미국 외의 언어와 문화가 얼마나 다양한지를 보고 많이 느꼈다고 진솔하게 말한 적이 있다. 그리고 한 미국인은 단순한 고립성을 넘어 미국의 사회적 고립성, 즉 인간간의 유대관계의 약화는 다른 곳에서는 찾아보기 힘들었다고 이야기한 적이 있다.

우물 안 개구리는 우물이 얼마나 좁은지 알지 못한다. 우물밖에 나온 후에야 비로소 개구리는 세상이 얼마나 넓은지, 그리고 우물 안의 세상이 무엇이 부족했는지 알 수 있다. 미국이라는 우물 안의 사회자본이 추락하고 있다는 현실은 우물 밖, 즉 외국 체험을 해본 사람들이 더욱 쉽게 체감을 한다는 것을 확인할 수 있는 대목이었다.

그러한 측면에서 한국과 미국, 그리고 외국을 경험해본 저자로서는 미국의 사회 자본을 파악하고 평가해 볼 수 있는 좋은 위치에 있었고, 박사과정에서 습득한 학문적 도구는 이를 더욱 냉철하고 객관적으로 분석할 수 있는 손과 발이 되어주었다.

이제부터 미국 사회자본 추락의 모습들을 살펴보고자 한다. 이는 우리의 소중한 동맹국이 다시 건강한 시민사회로 회복되기를 바라는 마음도 있지만 무엇보다도 우리의 대한민국이 지속가능한 발전을 위해 우리가 지켜야 할 점과 우리가 피해야 할 점을 구분할 수 있는 이정표를 만들기 위함이다.

제3절 사회자본 추락의 모습들과 문제점들

1. 이웃 공동체가 없는 북극곰 사회

한국 사람들은 가정적이지 않은데 미국인들은 무척이나 가정적이라는 말을 종종 하곤 한다. 얼핏 보면 한 가정에 몇 명 살지는 않지만 미국 사람들은 참 가족을 위해 사는 것처럼 보인다. 그들은 업무가 끝나면 바로 가족들이 기다리는 집으로 달려가고 집에 가면 잘 나오지도 않는다. 특히 저녁이 되면 아파트 단지나 주택 단지는 유령 도시처럼 무척이나 조용하고 다니는 사람들이 거의 없다.

하지만 "미국이 가족적이다"라는 단순한 가설만을 가지고, 어설프게 미국을 따라하려는 것은 한국이 갖고 있는 사회 자본을 해치는 일이 될 수 있다. 왜냐하면 가족 중심적이라는 것과 가족 밖에는 다른 사람이 없다는 것을 구분해야하기 때문이다. 가족 중심적인 사회에서는 사회적 인간들이 공동체 속에서 많은 유대관계를 유지하면서, 그 중 가족을 중요시한다는 것이다.

사회자본 유지를 위해 중요한 요소인 것이다. 하지만 가족 말고 아무도 없는 사회는 추락한 사회 자본을 보여주는 정 반대의 상황이기 때문이다.

 미국은 가족 밖에 없다. 물론 가족의식도 많이 약하지만, 다른 사회자본 보다는 그나마 높다. 더욱이 미국에는 혼자 사는 사람도 무척이나 많다. 혼자 사는 가정에 있는 사람도 가정적이라고 할 수 있을까?

 혼자 사는 사람들은 그렇다 치더라도 가족과 함께 사는 미국인들의 경우를 생각해 보자. 왜 가족 말고는 없을까? 사회자본 추락의 다양한 모습을 앞으로 언급하겠지만, 우선 미국인들에게는 이웃공동체가 없다. 그들은 이웃이 이사 오거나 말거나 신경쓰지 않는다. 처음에 인사 없는 이웃이 이후 잘 지낼 리는 만무하다. 싫어하지도 않지만 반기지도 않는다. 한마디로 이웃에게 관심을 갖지 않는다.

 북극곰 사회를 인식하지 못했을 때 대수롭지 않게 생각했던 한국에서 이사할 때 주변 사람들에게 떡을 돌리며 인사하던 우리의 전통적 이웃문화가 얼마나 우리 민족의 소중한 자산인지 느낄 수 있었다. 이와 동시에 우리나라도 어느덧 서구화, 도시화, 산업화의 물결 속에 이런 우리만의 공동체 전통, 아니 우리의 강력한 자산이 조금씩 그 중요함을 인식하지 못한 채 사라지고 있음은 안타까운 일이란 생각이 들었다.

 사실 미국에서 옆에 사는 사람은 이웃이 아니라 단지 다른 하나의 북극곰인 것이다. 이렇게 옆집에 사는 사람은 있지만 이웃은 없기 때문에 더욱 더 가족에 집착하는 것이다. 그들의 안식처가 될 유일한 사회적 동물은 가족이기 때문이다.

 이웃 공동체의 부재는 결국 협력이 아닌 마찰로 귀결된다. 이웃 간에 유대관계가 없기 때문에 약간의 분쟁이 생길시 문제를 대화와 포용으로 해결하려 하지 않는다. 그래서 그들은 조금 늦은 시간에 옆집에서 소음이 들리거나 소란하다고 생각되면 그 집에 노크를 하면서 조용히 해주면 고맙겠다는 식의 이야기를 절대 건네지 않는다. 이사 올 때도 인사하지 않고 더불어 살면서도 인사도 하지 않은 사람들끼리 이러한 요구는 당연히 불쾌하게 들릴 수 있기 때문이다.

 따라서 그들은 대신 경찰서에 전화를 한다. 단순 소음에 무슨 큰일이라도 난 것처럼 경찰차는 급하게 달려오고 소음문제를 지나치게 합리적으로 해결한다. 사실 평소 대화하면서 잘 지내는 사이라면 이런 것은 처음부터 문제가 되지 않고 시끄러워 잠을 못자는 상황이라면 이웃의 친구로서 편하게 양해를 구할 수도 있는 것이다. 그러나 북극곰은 이러한 문제해결에 마음을 통한 심리적 도구를 이용하지 않고 합리성에 기반을 둔 물리적 도구를 이용하는 것이다.

또한 다른 차가 자신의 지정구역에 주차를 하면 이웃이든 아니든 거리낌 없이 견인회사에 지체 없이 전화를 해서 해당 차를 견인시킨다. 본인이 전화를 직접 하길 꺼리는 경우는 관리사무소에 이야기하면 담당자가 견인회사에 대신 전화해 견인토록 조치해준다. 사실 이러한 분위기에서 이웃 공동체가 있고 없음을 논하는 것은 이상적인 생각에 가깝게 들리기도 한다.

한 미국 할아버지는 한탄하며 "나는 10년 이상 산 바로 옆집 사람 이름도 몰라요"라고 말했다. 그러면서 한마디 덧붙였다. "예전에는 그렇지 않았는데 지금은 너무 많은 것들이 바뀌었지요." 그러면서 혼자 사는 그 할아버지는 자신이 갑자기 죽게 되면 인사조차도 잘 나누지도 않는 옆집 사람이 남은 재산을 다 가져갈지도 모른다면서, 자신이 죽은 후에 재산을 사회에 환원하는 절차를 밟고 있다고 이야기하였다. 그는 주변에 믿을만한 친척도 친구도 없이 혼자 살고 있는 사람들 중에서 그들이 사망할 경우 생판 왕래도 없는 이웃이 모든 재산을 챙겨가는 것을 여러 번 목격했다고 덧붙였다.

이웃 공동체가 없으니 주변의 이웃들을 보고 부러워하거나 좋은 점을 따라하려는 선의의 경쟁의식도 없다. 경쟁의식 보다는 신고의식이 더 높다고 말하는 것이 보다 맞는 표현일 것이다.

경쟁의식이 없으니 발전도 더딜 수밖에 없고, 정체되고 지루한 삶 일수밖에 없다.

  미국이 전반적으로 이웃 공동체가 무너졌지만, 이웃 공동체를 유지하는 곳도 있다. 그곳은 바로 부자들이 모여 사는 따로 관리되어지는 구역이다. 사실 미국 사회는 잘 사는 지역과 못 사는 지역이 칼로 자르듯이 철저히 구분되어 있다. 잘 사는 지역의 사람들은 돈을 내면서 이웃 공동체를 운영한다. 공동의 돈을 가지고 지역 내 호수나 수영장과 같은 그들이 공동으로 사용하는 시설도 관리하고 공동 정원도 꾸민다. 이런 주거 공동지역에는 골프장 시설도 구비되어 있는 곳도 있다. 그래서 자신의 집에서 자신의 개인 카트를 이용해 이웃과 함께 골프장에 가서 골프를 치는 등 공동체적 유대감을 형성한다. 부자들이 사회 자본이 많다는 것을 잘 입증하는 또 다른 단편적인 사례라고 할 수 있다.

  반대로 못 사는 지역의 사람들의 문은 철저히 닫혀있다. 돈이 없으면 향유할 수 있는 것들이 별로 없는 미국 사회에서 그들은 그 부족한 경제 자본 때문에 사회 자본도 형성하지 못하는 것이다. 결국 돈을 중심으로 사회자본이 불균형하게 배분되어 있다는 이야기이다. 잘 사는 사람은 그들끼리 유대관계가 높고 더욱 잘 어울리지만 못 사는 사람은 그렇지 못한다는 것은 슬픈 일이 아닐 수 없다. 이렇게 돈이 사람의 유대관계를 좌우하는 사회가 장기적 측면에서 정상적으로 작동될 리가 없다. 따라서 미국 시민사회 전반에 만연한 이웃공동체 부재현상은 상대적으로 높은 부유층의 유대관계마저도 조금씩 줄어들고 있는 실정이다. 시간이 지남에 따라 그들끼리도 덜 만나고 대신 혼자서 지내는 것이다.

이웃공동체가 없지만 그들은 여전히 사회적 동물이다. 사회적 동물은 다른 사회적 동물들과 대화하고 함께 어울리며 살아가야한다. 그래서 미국 사람들은 사람을 대신할 다른 존재를 찾는다. 안타깝게도 많은 미국인들은 사람들이 있어야 할 자리를 애완동물로 채운다. 북극곰 미국인들은 이웃 혹은 가족들과 공원을 산책하는 것이 아니라 애완동물들과 동네 주변을 산책한다. 한 마리로 만족감을 얻지 못하면 두, 세 마리도 데리고 다닌다. 북극곰으로서 외로운 공간을 애완동물이 채워주는 것이다.

따라서 애완동물들의 역할이 많은 미국 사람들에게는 사람 이상으로 중요하다. 이렇기에 미국에는 애완동물들을 위한 초대형 상점이 많다. PETCO 혹은 PET SMART 같은 곳에 가면 미국은 애완동물들이 얼마나 사람자격으로 살아가는지 쉽게 알 수 있을 정도로 사람이 사용하는 대다수의 것들을 동물들을 위해 바꾸어 놓은 수많은 상품들을 발견할 수 있다. 단지 음식 뿐만 아니라 애완동물들을 위한 옷, 장난감, 심지어는 의족에 이르기까지 없는 것이 없을 정도이다. 미국의 애완동물 시장은 그야말로 초대형이다.

사람들이 애완동물들을 키우고 그들에게 애정을 보내는 것은 분명 나쁜 일이 아니고, 오히려 갈 곳 없는 애완동물을 보살펴 주는 일은 지구에서 가장 혜택받으며 살고 있는 존재인 인간이 베풀어야할 중요한 미덕일 것이다. 하지만 사람들과 잘 어울리면서 애완동물도 사랑하는 것과 주변에 어울릴 사람 공동체가 없어 애완동물에게만 의지하는 것은 180도 다르다. 미국은 후자의 사회이기 때문에 문제가 되는 것이다.

애완동물들이 북극곰 사회에서 고립된 미국인들의 외로움을 조금이라도 덜어준다는 측면에서 그들의 애완동물에 대한 강한 애정은 이해가 간다. 하지만 사람이 아닌 애완동물에 의존해야만 하는 미국인들의 모습이 애처롭게 보이는 것은 피할 수 없는 현실이다. 또한 그들의 애완동물에 대한 애정을 고려할 때 개를 음식으로 먹는 문화에 대한 그들의 심할 정도의 거부감은 조금이나마 납득할 만하다 할 수 있다. 여기서 생각해 볼 문제는 무엇이 미국인들로 하여금 사람보다 개를 더 소중하게 여기도록 했을까라는 것이다. 이것은 단순한 호기심의 문제를 넘는 심각한 사회문제이기 때문이다. 다시 말해 사회의 손상정도가 얼마나 심각한 상태인가를 쉽게 가늠할 수 있는 주위의 모습이기 때문이다.

2. 직장 공동체를 기대하지 않는 북극곰 사회의 직장문화

미국 직장은 우리나라에 없는 것들이 많다. 먼저 야근 문화가 없다. 정해진 시간에 출근해 정해진 시간에 퇴근한다. 소위 말해 칼출근 칼퇴근이다. 미국의 직장 문화는 지나칠 정도로 자신이 일을 하도록 계약되어진 시간을 철저히 지키도록 강조한다. 차량등록 갱신을 위해 운전면허 등록관련 사무소를 찾아간 적이 있다. 업무 종료시간은 오후 5시였는데, 4시 30분 경 도착하고 번호표를 받아 약 30분 정도 지나서야 창구직원에게 갈 수 있었다.

그런데 참으로 웃지 못할 이야기를 들을 수 있었다. 운전면허증을 직원에게 보여주었는데 이것으로는 등록확인이 안되어 차량등록증이 필요하다고 이야기하였다. 그래서 창구 바로 앞에 있는 차에서 차량등록증을 가져오겠다고 했더니 자기들은 업무가 종료되어 사무소를 닫는다는 것이었다. 30분씩이나 기다린 사람에게 단 1분이라는 시간도 주지 못하는 직원의 모습에 이것은 단순한 칼출근과 칼퇴근이 아니라 "칼 개인주의"라는 생각이 들었다. 어떻게든 자신의 시간은 1분이라도 뺏기지 않기 위해 안간힘을 쓰는 그들의 모습은 참으로 애처로워 보였다.

이러한 측면에서 우리의 한국 사회는 미국 사회보다 훨씬 성숙하고 기능하는 사회이다. 예를 들면 우리나라 동주민센터에서 주민등록관련 서류를 발급받기 위해 30분씩 기다린 시민에게 바로 창구 앞에서 업무시간이 종료되었으니 내일 오라고 하는 것은 상상하기도 힘든 일이기 때문이다. 하지만 미국은 이러한 것들에 너무도 익숙해 있고 이러한 풍토가 사회 전체에 만연되어 있으므로 상당한 불편을 토로하면서도 그냥 체념하거나 당연한 것으로 여긴다.

간혹 정해진 시간보다 더 일을 할 경우에 그 만큼 돈을 꼭 주어야한다. 경제위기를 극복하기 위한 일환으로 아리조나 주립대학교에서는 2009년 일자리 삭감은 최소화하는 대신 근무시간을 줄임으로써 임금비용을 줄이는 소위 furlough를 실시한 적이 있다. 이에 따라 매일 출근하는 특정부서의 한 직원은 평소보다 일찍 퇴근하였고 그 만큼 임금을 적게 받았다.

돈을 받아야 일을 한다는 의식은 이해하겠지만 더욱 놀랐던 것은 그 부서의 부서장이 보낸 전체 메일이었다. 메일에는 줄어든 근무시간 외에 그 직원에게 업무 요구를 하지 말라는 일종의 주의 환기성 메시지였다. 지나칠 정도로 돈에 의해 움직이는 사회라는 점이 인식되는 대목이었다. 이러한 분위기를 고려하면 우리나라처럼 옆의 직장 동료가 무척이나 바빠서 나도 남아 일을 도와주어야겠다는 의식을 개인주의 미국 직장문화에서는 찾아 볼 수가 없는 것은 너무도 당연한 것이라 할 수 있다.

한 가지 이상한 점은 연장 근무문화가 없다는 것은 자신의 시간이 한국에 비해 무척이나 많다는 이야기인데, 퇴근하면서 직장 동료들과 저녁식사나 대화를 나누는 일은 거의 없다. 즉 미국에는 야근 문화도 없지만 직장 공동체도 없다. 북극곰들이 다니는 직장인 것이다. 여러 미국 사람들에게 직장동료들과의 유대관계를 물어 보았지만 근무시간 외에 그들을 만난다는 답변은 들을 수 없었고, 보통 일 년에 한번 크리스마스 때 회사에서 주관하는 크리스마스 파티에 참가하는 것이 전부라는 대답을 들을 수 있었다.

우리나라는 다소 심할 정도인 측면도 있지만 퇴근 후에 동료들과 술 한잔하며 직장에서의 이런저런 이야기를 나누고 스트레스를 해소하는 모습은 아주 자연스럽다. 여기서 주지할 점은 미국처럼 직장문화가 전혀 없는 것보다는 이러한 직장문화가 약간 과도해도 있는 것이 낫다는 점이다. 그 이유는 미국의 직장인은 사회적 동물로서의 인간의 모습이 아니라 시스템의 부속품으로 기능하는 모습에 가깝다는 인상을 주기 때문이다.

이러한 직장 환경에서 점심식사도 많은 미국인들은 혼자 한다. 미국에 온 지 얼마 안 돼 한번은 학교의 한 부서 행정직원이

깜깜한 회의실에서 혼자 점심을 외롭게 먹는 모습을 본 적이 있다. 그 직원은 그 곳에 근무한 지가 30년 이상이 되어 아는 사람도 많고, 부서 돌아가는 사정도 잘 아는 베테랑이었다. 하지만 그에게 직장 동료는 동료일 뿐 식사를 같이하는 진정한 의미의 동료친구는 아니었고 얼마 후 그 부서의 거의 모든 사람들이 따로따로 혼자 점심식사를 한다는 것을 알게 되었다. 인간사회에 외롭게 사는 북극곰처럼 사는 삶이 애처롭게 보였지만, 그것은 미국 밖의 다른 환경을 아는 나만의 생각일 뿐이었다. 그러한 환경에 너무도 익숙한 그들은 사회적 인간으로서 너무도 부자연스러운 이러한 행태를 인식하지 못하기 때문이다.

한번은 미국에 근무하는 직장인이 근무 중 자신의 책상에서 사망했는데 며칠이 지나서야 발견되었다는 뉴스를 들은 적이 있었다. 바로 옆에 근무하는 동료조차 이를 발견하지 못했다는 것은 동료애가 없다는 식의 해석 보다는 그가 많은 사람이 근무하는 직장에서 얼마나 심하게 북극곰으로서의 삶을 살았는지 보여주는 대표적인 예라 할 수 있다.

3. 시민 조직과 클럽의 비활성화

북극곰 사회에는 없는 것이 또 있다. 사회가 정상 작동되는데 촉매제가 되어주는 시민단체나 활동들이 없다는 것이다. 반면 우리나라는 무수한 시민단체들이 존재한다. 종종 일부 시민단체는 지나치게 권력화되어 시민단체로서의 기본 성격을 잃어버리기도 하지만 순수한 많은 시민단체들은 한국의 민주화에 크게 기여해왔다.

이유를 생각해보니 미국의 북극곰 문화에 시민의식이 없는데 시민단체가 있을 리 없다. 우리나라에서는 부당한 대우를 받거나 혼자 문제해결을 할 수 없을 때 하소연을 할 만한 창구역할을 하는 시민단체들 많이 있다. 미국에는 이러한 단체가 있다해도 찾아보기도 힘들기 때문에, 부당한 대우를 받아도 참고 지나가는 경우가 허다하다. 예를 들어 경찰에게 발급받은 위반 티켓이 부당하면 법원을 통해 복잡한 방식으로 청구를 하거나 변호사를 선임해서 일을 처리해야한다.

그리고 경찰에게 인권 침해 등 부당한 대우를 받아서 경찰서에 그 경관을 보기 위해 다시 찾아가면 안전상의 이유로 만나주지도 않고, 문제를 해결하려면 변호사에게 돈을 주고 시간을 투자하는 등 지나치게 합리적인 절차를 따라야한다. 따라서 대부분의 사람들은 참고 지나가기 십상이다. 목소리를 내지 못하는 시민이 사는 사회가 바로 미국의 북극곰 사회인 것이다.

시민단체가 전혀 없는 것은 아니다. 일부 시민단체가 있기는 하지만 명목상으로만 존재한다. 활성화된 단체는 시민단체가 아니라 미국총기협회와 같은 이익단체들이다. 1960~70년에는 시민단체를 중심으로 한 시민활동이 왕성하였다. 그들은 삼삼오오 모여 베트남전에 반대하며 목소리도 냈고, 학생들은 학생운동들을 통해서 인종차별의 문제점을 강력히 지적하기도 하였다. 적십자 활동도 활성화되었고, 자발적인 사회활동 단체도 많았다. 이러한 시민 참여의식은 21세기 미국 사회에서는 찾아볼 수 없다.

최근에 시민의 자발적인 운동이 보기 드물게 활성화된 사례가 있었다. 오바마 행정부의 의료보험 개혁과 같은 것에 반대하며 시민을 중심으로 대중운동으로 급부상한 티파티(Tea Party) 운동이다. 이 보수주의 운동은 오바마 행정부의 개혁에 반대하는 것을 기치로 내걸고 있다. 하지만 이 운동은 자신의 이익을 지키려는 성격이 강하고 더군다나 이미 정치세력화되어 미국에서 행해지던 예전의 시민 대중운동과는 성격이 멀다. 운동이 시작된 지 얼마 되지도 않아 벌써 이 운동을 이끌던 랜드 폴(Rand Paul)은 이 운동 동원력을 기반으로 하여 미 공화당 상원후보로 당선되기도 하였다.

미국에는 시민 동호회와 같은 모임도 또한 부족하다. 학교에는 학생회를 중심으로 조금 운영되기는 하지만 이도 그다지 활성화되어 있지는 않다. 지역사회에서는 이러한 동호회를 더욱 찾아보기 힘들다. 상당한 수의 미국 사람도 마라톤을 좋아하지만 마라톤 동호회는 많지가 않다. 등산은 가족끼리 다니고 가족이 없는 사람은 혼자서 산을 오른다. 주말만 되면 동호인들이 모여 자전거를 함께 타고 함께 무리를 지어 인라인 스케이팅을 하는 우리 동호인 문화는 찾아 볼 수 없다. 간혹 자전거 동호회를 보면 신기하게 쳐다볼 정도이다. 한 미국인은 예전에는 동호회가 꽤 있었는데 지금은 이런 공동체가 부쩍 줄었다고 한탄하기도 하였다.

시민들의 동호회 활동은 사회 자본을 탄탄하게해주는 초석이다. 직장에서 하기 힘든 이야기들을 그네들이 좋아하는 운동과 취미를 공동체 회원들과 함께 하며 직장의 스트레스를 푸는 창구인 것이다. 그들은 서로 어울리고 운동하면서 인간으로서 삶의 만족도를 끌어올린다. 이런 환경에 있는 사람들은 사회적 미숙아를 훨씬 덜 생산한다. 그들에게는 사람을 사회적 동물로 만들어 주는데 있어서 더욱 많은 기회가 주어지기 때문이다.

쉽게 이야기 하면 미국 사람들은 가족 밖에 없지만 한국의 동호회 회원들은 가족 말고 동호회 전우도 있는 것이다. 활성화된 동호회는 단지 일주일에 한번 만나 운동하는 것에 그치지 않고 가족의 대소사가 있으면 함께 축하해주고 어려울 때는 서로 위로해주는 가족 혹은 친척 이상의 성숙한 공동체로서의 확대된

역할을 하기도 한다. 즉, 펭귄의 삶인 것이다.

　북극곰 사회에서는 이러한 시민 동호회가 동결되어있다. 북극곰 사회의 미국인들은 동호회를 통해서 자신들이 직접 운동하는 대신 운동을 관람한다. 특히 전문 스포츠 경기 관람을 무척이나 즐긴다. 경기관람은 운동의 대리만족 수단이다. 북극곰 사회에 살지만 그들도 사회적 동물인지라 무엇이든지 활동을 하고 싶어 하고 결국 도착하는 곳이 미식 축구장, 야구장, 농구장이다.

　하지만 땀 흘려 함께 운동하면서 얻을 수 있는 사회적 유대관계를 경기관람을 통해서는 얻을 수 없다. 지역 공동체가 공고해서 그 지역 공동체를 대표하는 팀의 응원을 위해 가는 구장이라면 참으로 좋은 여가활동일 것이다. 그들의 응원은 지역 공동체의 마음과는 거리가 멀다. 물론 그들이 사는 지역을 응원하지만 그것은 자신들이 응원할 곳이 없으면 경기 관람이 재미없기 때문이다.

　더욱 문제는 이러한 전문 경기는 지나치게 상업화되어 있다는 점이다. 미식 축구 경기장에 가면 무슨 상거래 시장 온 것처럼 경기 전에 각종 광고와 상품 선전을 큰 경기장이 떠나가도록 한다. 경기 중간 중간에 기업들이 특정인에게 상품이나 돈을 준다는 식의 보여주기 위한 광고활동은 지나칠 정도다. 자동차 경기, 야구, 미식축구와 같은 다른 경기도 상황은 마찬가지이다.

그나마 공동체로부터 풀지 못하는 스트레스를 그곳에서 풀기도 하지만, 이는 단기 처방에 불과하다. 인간의 지적 능력 때문에 생기게 되는 스트레스는 이 지적 능력을 이용해서 풀어야 한다. 그것은 공동체 내의 다른 사회적 동물과의 사회적 활동과 속 깊은 대화를 통해서만 해결할 수 있는 것이다.

4. 피상적 친구 문화 : 친구 공동체의 몰락

미국에는 지인은 있어도 친구는 없다. 여기서 말하는 친구라는 것은 경제적 혹은 계약적 관계로 형성되지 않은 정신적으로 기대고 의지할 수 있는 공동체 중심의 친구를 말한다. 미국의 북극곰들은 친구의 소중함에 인색하다. 학교나 도로에서 사람들끼리 우연히 만나 반가운 것처럼 이야기를 나누는 사람들은 발견할 수는 있어도, 약속을 미리 정하고 시간을 따로 비워두고 적당한 약속 장소에서 만나는 등 진정한 친구활동은 드물다. 전자가 우연한 친구 만남(contingent friendship)이라면 후자는 의도적 혹은 마음을 나누는 친구 만남(true friendship)일 것이다. 미국에는 Contingent friendship이 주를 이룬다.

따라서 미국에서 친구라는 개념은 무척이나 얇다. 우리는 미국 사람은 처음에는 친하지만 마음의 친구를 사귀기 힘들다는 이야기를 종종하곤 한다. 예전에 이런 이야기를 들었을 때 그냥 지나치곤 했는데 이는 미국의 북극곰 문화와 관련이 있음을 서서히 깨닫게 되었다. 공동체가 없는 북극곰 사회에서는 친구라는 의미도 퇴색될 수밖에 없는 것이다. 더 이상 미국 단어의 friend를 우리말의 친구로 번역할 수 없는 상황이 되었다. 북극곰 사회의 현실을 감안하면 미국에서 friend는 단지 지인이라고 번역하는 것이 오히려 적합하게 보일 정도이다.

친구간의 사회적 모임 등에서 나타나는 큰 차이 중의 하나가 미국의 더치페이(dutch pay) 문화이다. 한국에서는 함께 식사하고 돈을 따로 내면 상당히 어색하게 느낀다. 이것은 공동체적 의식이 내재되어 있기 때문이다. 종종 사람들은 미국의 더치페이 문화가 합리적이고 실용적이라고 이야기하기도 한다.

하지만 더치페이 문화가 합리적일지는 몰라도 공동체적이지는 못하다. 더욱이 더치페이는 지나칠 정도로 자기 것을 챙기기 위해 이용되어지기도 한다. 여러 명이 함께 모여 식사모임을 가진 후 너무도 철저히 돈을 분할해 각자의 카드로 계산하고 팁도 각자 지불한다.

과연 그렇다면 더치페이가 자기 것을 챙기기에 좋고 한 사람이 한 몫에 계산하는 우리의 지불문화는 물질적으로 손해를 보는 형태일까? 그렇다고 볼 수는 없다. 한 사람이 한 몫에 음식 값을 지불했다면 다음에 이와 비슷한 자리가 있을 경우 그 사람이 계속 돈을 지불하는 것이 아니라 다른 사람들이 돌아가면서 한 몫에 계산한다. 어떻게 보면 미리 한 몫에 돈을 내고 다음에는 식사 대접을 받는 일종의 "계" 형태로 돌아간다.

더욱이 다른 사람이 식사를 사준 경우 이에 대한 보답을 하기 위해 또 다른 식사모임을 하게끔 유도한다. 즉 더치페이는 그 다음의 식사 모임에 대한 기대를 하지 않게 하지만, 우리의 통합 지불 문화는 다른 사교적 모임을 진작시키는 매개체로서의 역할을 할 수 있다. 더치페이처럼 너무도 정확히 자신의 물질적 이익을 분리해내지는 못해도 물질적으로도 손해 보는 지불형태도 아니라는 것이다.

물질적으로 손해도 없는 상황에서 사회적 자본이라는 이익을 확보할 수 있다는 측면에서 통합 지불 형태가 비합리적인 것만은 아니며, 오히려 권장할 수 있는 측면도 많다고 할 수 있다. 단기적인 물질 자본, 그리고 장기적인 사회 자본을 모두 챙길 수 있는 통합 지불 형태의 우리 문화를 미국의 더치페이에 비해 불편하고 합리적이지 못한 것으로 치부하는 것은 근시안적인 접근이라 하지 않을 수 없다.

미국 더치페이 문화에서 볼 수 있는 더욱더 심한 광경은 각자 다른 가격의 음료수와 음식이 뒤섞여 있는 계산서를 함께 똑같이 나누어 지불하는 것조차도 꺼려한다는 것이다. 자신이 정확히 먹은 음료수와 음식에 해당하는 가격만을 내도록 영수증을 분리해달라고 너무도 자연스럽게 식당에 요구한다. 펭귄사회에서 온 사람들이 보면 이 사람들이 혹시 식사 중에 싸운 것은 아닌지라는 의심까지 들 정도이다. 이런 것들을 합리적이라고 생각한다면 나는 이 정도로 철저한 물질이익에 바탕을 둔 합리적 인간이 되고 싶지 않다. 공동체적 합리성을 갖고 싶다. 그리고 우리 사회도 공동체적 합리성을 계속 유지하리라 믿는다.

미국의 더치페이 문화는 함께 식사는 하지만 그들은 사실 극도로 분리되어 있는 것을 여실히 보여준다. 그리고 무엇이 이러한 더치페이를 자연스럽게 만들었는가를 생각하면 더욱 안타깝다. 현재 미국의 더치페이 행태는 이기주의적 성향으로 바뀌어진 문화에서 나타나는 비공동체적인 모습의 전형이다. 그들은 친구를 서로 도울 수 있는 정신적 자산으로 보지 않기 때문에, 그들에게 식사 한 끼 투자할 만한 마음의 공간이 없는 것이다. 공동체가 부족한 문화에서 사람들은 더욱더 물질만을 추구하며, 더욱더 타산적이 되어 가고 있는 것이다. 더욱더 무서운 일은 이러한 이기성이 더 이상 사회로부터 걸러지지 않고, 누구나 당연히 생각하는 수준이 되었다는 것이다. 추락한 사회 자본의 나약한 모습이라고 할 수 있다.

인종적 구분의식이 친구 공동체 형성을 막기도 한다. 미국에서 인종차별 피해자는 법적으로 철저히 보호를 받지만, 법 테두리 밖에서 암묵적으로 행해지는 인종차별까지 챙기기는 어렵다. 이런 것은 공동체 규범을 통해서 서로간의 공감을 통해서 이루어지는 부분이다. 따라서 인종을 중심으로 친구가 그룹핑이 되기도 한다. 또한 미국인과 이민자로 구분되어 친구 경계가 생기기도 한다. 물론 이러한 것들이 이분법적으로 이민자가 미국인과 친구가 없다는 식의 이야기는 아니다. 물론 상당수의 사람들이 이런 이분법 밖의 세상에서 서로 친구로 지내지만, 미국 문화의 시스템적 흐름의 시각에서 본다면 인종구분적 사고가 친구공동체 활성화를 막는 요인이 되고 있다고 할 수 있다.

인종 그리고 출신이라는 이분법적 문화 및 사고는 돈독한 친구공동체의 형성을 막는 요소이기도 하지만, 같은 인종끼리도 공고한 친구공동체는 드물다. 한 모임에서 본 앵글로 색슨계 미국인 청년과 이야기를 나눈 적이 있다. 그 자리에는 20여명 가까운 앵글로 색슨계 미국인 대학생이 있었다. 그 청년은 몇 주 후 결혼을 하고 다른 주로 이사를 할 예정이었다. 그 청년은 오랫동안 모임에 올 때마다 많은 다른 친구들과 이야기하며, 무척이나 친한 것 같은 다정다감한 모습을 보여주곤 하였다. 그러던 중 본인과 조금 더 깊이 있는 대화를 나누기 시작할 무렵 자신이 느낀 안타까운 현실이라고 하면서 친구 문화에 대한 이야기를 해주기 시작했다. 그 청년은 사실 "내가 여기 있는 많은 사람들과 무척이나 친해 보이지만 단지 이름만 알고 우연히 만나면 인사만 하지 그들의 연락처조차 모른다"는 이야기를 하였다. 그리고 더욱 안타까운 것은 자신이 결혼 후 이곳을 떠나면 아무도 자신에 대해서 이야기하지 않을 것이란 말을 하였다.

덧붙여 미국 친구는 많은 것들이 "fake(사실인 것처럼 포장하는 거짓)"라고 하였다. 사실 미국의 사회 자본에 대해 관심을 무척 갖고 있는 시점이라 이 말의 무게를 그 누구보다 무겁게 들을 수 있었다. 그리고 그 청년은 결혼 후 다른 주로 떠나게 되었고 다시 찾은 그 모임에서 아무도 그 청년이 그 곳에서 정착하고 잘 살고 있는지 잘 지내고 있는지 묻지 않았다. 그 청년의 말이 사실이라는 것을 확인하는 안타까운 시간이었다.

또한 한 앵글로 색슨 박사과정 학생이 자신 주변에 앉은 사람들과 학생이 밝게 이야기하며, 친하게 지내오던 것을 오랫동안 본 적이 있다. 그런데 이 학생은 여름 방학 중 몇 달 동안 학교에 오지 않다가 새 학기가 시작되어 연구실에 오랜만에 온 적이 있었다. 방학 전에 친하게 이야기하는 것처럼 보였던 주변 동료들은 그 학생을 오래간만에 보고도 인사 보다는 업무적 성격의 이야기로 시작하였고 더욱 아이러니한 것은 그 학생이 몇 달 만에 온 지도 몰랐다는 것이었다. 그 학생은 결국 자신이 몇 달 만에 처음

여기 온 것이라고 직접 말하면서 그들의 무관심에 대한 섭섭함을 표명하는 것을 보고, 친구 공동체 없는 북극곰 문화가 처음 인식했던 것 보다 훨씬 더 심각한 수준이라는 것을 깨닫게 되었다.

친하든 친하지 않든 간에 몇 년 동안 알고 지내던 동료를 몇 달 만에 보는 경우 근황과 안부를 묻는 것이 펭귄 사회에서는 당연한 것일지 몰라도 북극곰 사회에서는 이것은 당연한 것이 아니고 선택의 문제가 된 것이다. 이는 작은 일화에 불과하지만 미국 전체에 퍼져있는 북극곰 문화를 이해하기에 충분한 것 이었다.

오랫동안 알고 지내던 학교 동료가 이 정도라면, 새로 학교에 들어오는 신입 대학원생들에는 더욱 관심이 없다는 것은 짐작하고도 남을 것이다. 기존 학생은 새로 오는 학생에게 관심이 없고, 새로 오는 학생도 기존 학생에 아무런 기대도 하지 않는다. 연구실에 새로 학생이 오면 같은 연구실에 있는 기존 학생의 자리를 찾아다니면서 자기 자신을 소개하거나 인사하는 법이 없다. 기존 학생은 못 보던 얼굴이 있어서 새로 온 학생이겠거니 짐작은 하면서도 그 학생에게 가서 인사를 청하지 않는다. 인사 대신 그들은 학생들 사이에 미식축구와 같은 화제가 갑자기 이슈가 되면 축구에 대해서 이야기한다. 서로의 개인적 관심사는 없다는 뜻이다. 같은 연구실에서 매일 보는 사람들끼리 자기소개도 없이 서로 인사도 하지 않다가 미식축구 이야기가 나오자 그때 친한 것처럼 이야기하는 모습들은 상식적으로 이해하기 힘든 비정상적 인간관계의 모습이었다.

물론 대학원생 전부가 이렇듯 이상하게 행동하는 것은 아니지만, 경험을 토대로 에누리 없이 말하면 70~80% 정도는 이렇게 행동했다. 이 정도라면 단순한 사회적 예의나 공동체 결핍수준을 넘어 사회적 병자에 가깝다는 생각이 자주 들었다. 도저히 다른 나라의 학생들도 이 지경이 될 정도로 사회성이 없을 수 있을까라는 의심도 들었다. 미국의 극단적 예외주의의 한 단면이 아닐까 한다.

친구 공동체 결핍현상은 대학교만의 문제는 아니다. 아무 사심 없이 친구를 사귈 수 있는 초등학교 학생들도 지인은 많지만 친구는 없다. 1년 동안 같은 반에서 함께 공부한 친구와 헤어질 때 아쉬워하지 않는다. 그 아이들에게 새로운 학년의 시작은 한 해라고 하는 학교의 기계적 시스템의 사이클이 지나서 새로운 사이클이 시작되는 것으로 인식될 뿐이다. 새로운 급우 공동체의 시작이 아닌 것이다. 우연히 공원 등에서 만나도 부모들끼리는 인사정도는 해도 급우끼리는 인사도 하지 않는 것을 무척이나 많이 보았다. 자신의 반 친구에게 인사를 하지 않아도 미국 부모들은 왜 서로 인사도 하지 않느냐고 반문도 하지 않는다. 이미 그것이 문화로 고착되었기 때문이다. 안타깝게도 북극곰 문화로 고착된 것이다.

그나마 친구를 사귀게 하고 싶거나 친구가 있다고 위로받고 싶으면 부모들이 돈이 있어야한다. 대표적인 것은 미국 어린아이의 생일 파티문화이다. 미국에는 어린아이들을 위한 생일축하 대행 업종이 무척 많다. 아이스 스케이트장, 수영장, 전자 게임장 등 다양하다. 문제는 돈이 든다는 것이다. 돈이 있고 자신의 아이가 친구들에게 축하받는 생일상을 차려주고 싶으면 이 대행업체를 이용한다. 반 친구들에게 초청장을 보내고 답신을 받은 후 최종 참가인원을 확정하고 이 인원수에 따라 생일 축하 대행업체는 음식 등을 준비한다. 그리고 초청에 응한 아이들은 큰 선물보따리를 가지고 가서 선물을 모으는 일정 장소에 놓는다. 선물을 직접 건네는 것은 이 상황에서 매우 촌스럽게 보일 뿐이다. 그리고 축하받는 아이는 행사가 끝난 후에 많은 선물보따리를 가지고 집으로 간다. 부모들이 생일 축하 대행업체에 지불한 돈 만큼 생일 선물로 받아가는 것이다.

따라서 친구 만들기는 공동체의 논리가 아닌 자본의 논리를 통해 이루어진다. 이러한 얇은 수준의 관계가 오래 지속될 리가 없다. 더욱이 이런 행사가 없으면 반 친구가 생일인지 아닌지도 서로 신경 쓰지 않으며 그냥 지나간다. 가족끼리만 생일 케이크에 촛불을 붙일 뿐이다. 어린아이들의 친구 공동체가 이러한데 이런 아이들이 자라서 가는 곳인 대학교와 직장에 친구가 없는 것은 너무도 당연한 것이다. 이해관계는 존재하고 친구관계는 존재하지 않는 문화가 만연된 사회가 북극곰 사회의 여러 단면 중 하나인 것이다.

지금까지 살펴본 가족, 이웃, 취미, 친구 공동체의 부재는 미국인들로 하여금 사람들과의 연결고리를 해제시키게 한다. 근시안적으로 생각한다면, 이것이 편하게 보일지도 모른다. 왜냐하면 공동체가 없으니 경조사를 챙길 사람도 없고, 챙길 필요도 없는 것이다. 혼자만 편하게 살면 되기 때문이다. 하지만 자기가 다른 사람을 챙기지 않는 것처럼, 다른 사람도 그 자신을 챙겨주지 않는 다는 것을 종종 잊는다. 자신과 관련된 경조사를 남도 챙기지 않는다. 슬픈 일이 있으면, 혼자 울어야하고, 기쁜 일이 있어도 혼자서 박수쳐야하는 것이다. 이런 상황이라면 편한 것보다 다소의 불편함을 감수하더라도 공동체문화를 따르는 것이 낫지 않을까? 더욱 안타까운 점은 이런 공동체의 부재는 학교 구석구석에 그대로 나타나고 있다는 점이다.

5. 하향 평준화된 공교육과 북극곰 학교 공동체

북극곰 사회는 교육을 하향평준화시켜 미국의 교육 경쟁력을 저하시킨다. 미국 교육의 성적표는 세계 유일의 초강국이라고 하기에는 너무 초라하다. 2007년 공표된 세계 교육 평가에 따르면 읽기, 수학, 과학 모든 분야에서 미국의 교육은 25위권 안에 들지 못했다(World rankings for reading, maths and science). 반면, 한국은 읽기 부문에서 1위, 수학 분야에서 4위, 과학에서 11위를 차지했다. 우리나라의 화려한 교육 성적표가 단기간에 이룬 놀라운 경제 성장 및 민주화의 초석이 되어왔다는 점을 확인할 수 있는 대목이다.

초강대국 미국의 교육 성적표는 왜 이렇게 초라할까? 사회의 건강정도와 매우 관련이 있다. 사회자본이 많은 사회는 가족 간, 스승과 제자 간, 학부모간, 그리고 급우 친구들 간의 소통이 자연스럽고 따라서 정보교환이 원활하다. 이러한 왕성한 교류 활동은 교육 수준을 끌어올리는 데 큰 기여를 한다. 따라서 우리와 같은 펭귄 사회는 미국과 같은 북극곰 사회보다 동일한 자원과 동일한 시간이 주어졌을 때 알찬 교육성과를 내기에 훨씬 유리하다.

다른 서구 국가와 미국의 사회를 비교해도 같은 결론에 도달한다. 미국은 유럽인들이 미 대륙이라는 새로운 땅을 개척하고 정착함으로써 형성된 국가이지만, 3세기라는 시간이 지나면서 사회의 모습은 무척이나 달라졌다. 유럽은 아직 펭귄사회이지만, 미국은 북극곰사회가 되었다. 유럽인들은 공동체를 아직 중요시하며, 친구, 이웃, 동료 간의 공동체의식이 미국보다 훨씬 두텁다.

　미국과 유럽의 사회적 속성의 차이는 교육 성적표에서 여실히 드러난다. 2009년 OECD 국가의 15세 학생들을 대상으로 읽기 분야를 평가한 자료에 따르면, 10위권 내에 성적을 거둔 국가 중 6개 국가(핀란드, 독일, 프랑스, 영국, 이탈리아, 스페인)가 유럽 국가였지만, 미국은 10위권 내에 들지 못했다(이코노미스트, 2010 12월 11일, 68쪽). 이 조사는 역시 펭귄 사회 속성과 교육 성적표 간의 내재적 상관성을 분명 암시해 준다. 이 조사에서 한국은 1위를 차지하였는데, 이 또한 펭귄 사회가 교육역량에 미치는 긍정적 효과를 알려주는 대목이라 할 수 있다.

　미국 교육의 질적 저하의 근원을 조금 더 자세히 살펴보자. 우선 미국의 전반적 교육 시스템이 문제이다. 미국 공립 초·중·고등학교에는 자질이 부족한 교사들이 많은데, 교사들에 대한 빈약한 처우는 이를 더욱 부채질하고 있다. 또한 수업 커리큘럼은 지식을 향상시키기 보다는 배우기 쉬운 형태로 이루어져 있다. 공교육이 형편없으니 대안학교와 같은 사립학교가 생기고 있는데, 이 수는 많지 않아서 많은 아이들에게 더 알찬 교육의 기회를 주지 못한다. 대안학교는 종종 추첨에 따라 이루어지기도 하며, 이는 결국 균등 교육기회의 보장이라는 공정성을 해치는 결과를 초래하기도 한다. 그렇지만 미국 교육개혁은 항상 뒷전으로 밀리고 있다. 2010년 개봉한 "수퍼맨을 기다리며(Waiting for Superman)"라는 영화는 이와 같은 미국 교육시스템의 문제점을 날카롭게 지적하며 상당한 흥행을 기록하기도 하였다.

미국 교육의 초라한 성적표를 부추기는데 미국의 북극곰 공동체도 큰 몫을 차지한다. 학부모 공동체라는 것이 없기 때문에, 자녀들의 교육정보를 교환하는 활성화된 모습들은 많이 부족하고, 따라서 자연스러운 부모들의 상호작용으로 향상될 수 있는 시너지적 교육 경쟁 문화는 존재하지 않는다. 따라서 미국 부모들의 자녀에 대한 교육 열정은 한국 부모들에 비해 무척이나 낮다. 사실 거의 없다 하여도 무리한 이야기는 아니다. 방과 후의 시간을 부족한 지식을 보충하기 위한 활동에 쏟지 않는다. 일부의 부모가 방과 후 수영, 농구, 골프 등의 과외 활동에 보내는 수준이 다이다.

미국에 사교육이 없는 것은 부모들의 자녀교육에 대한 열정 부족의 문화에서 비롯되고 이러한 열정 부족은 공동체적 유대감이 없는 미국 사회 전반의 현실과도 깊은 관련이 있다. 우리나라에서는 학부모끼리의 정보 교환 공동체가 자연스럽게 형성되어 있고, 자신의 자녀들이 조금 더 좋은 교육을 받기 위해 어떻게 해야 하는지 그들의 경험담을 교환한다. 물론 우리나라에서는 지나친 사교육으로 학생들이 공부에 혹사당하고 있는 모습이 안타깝기도 하지만, 미국 부모들은 자녀교육에 너무 심할 정도로 무관심하다.

그렇다고 미국의 공교육이 우수하여 학원과 같은 사교육이 없는 것은 아니다. 정반대이다. 초등학교에서 고등학교까지 미국의 공교육은 하향평준화되어있다. 우리나라 중학교 1~2학년 때 배울만한 수학은 고등학교 2~3학년 정도가 되어야 접할 수 있다. 외국어에 대한 관심은 더욱 부족하여 외국어 수업시간은 많지가 않다. 세계사에 대한 수업은 있는 둥 마는 둥 하다. 단지 미국식 공교육에서 좋은 점이 있다면 학생을 공부하는 기계로 보지 않는다는 점이다. 하지만 사실 공부하지 않는 기계보다 공부하는 기계가 최소한 경쟁력 측면에서 훨씬 좋다. 한 미국인은 미국의 포드가 한국의 현대, 기아자동차에 단 기간 내에 추월당한 이유는 한국이 우수한 교육을 통해 경쟁력 있는 인재들을 끊임없이 배출하고 있기 때문이라고 한국 교육의 우수성을 칭찬하기도 하였다.

미국 공교육의 하향평준화나 미국의 공부에 대한 열기부족은 한참 열심히 성장하고 있는 우리나라가 아주 멀리해야할 점이다. 혹자는 미국에서는 자녀들이 공부를 못해도 무시받지 않고 잘 살 수 있으므로 학생들은 스트레스 받지 않고 부모들은 편하다고 오히려 좋아하기도 한다. 이런 생각들은 우리나라 성장을 방해하는 패배자적 사고일 수 있다. 공부 못해도 잘 살 수 있는 사회라는 것은 절대 자랑할 만한 일이 아니다. 왜냐하면 이 말은 공부보다는 다른 분야에 더 재능이 있고, 관심이 있어서 다른 일을 하면서 삶을 영유한다는 말하고는 너무도 다른 말이기 때문이다.

미국 공교육의 질적 저하가 심한 것은 여러 이유가 있지만 교사의 자질도 큰 이유 중의 하나이다. 미국은 우리나라와 같은 힘든 교수임용시험을 거쳐 교사가 되지 않는다. 미국도 시험을 보고 교사 자격증을 취득해야하지만 우리나라처럼 치열한 경쟁을 뚫고 교사가 되는 환경과는 거리가 있다. 한 미국 여성은 애완 동물숍을 운영하다 경제위기 때문에 남편의 사업이 어려워지자 고등학교 과학교사로 어렵지 않게 취직하는 것을 보았다. 타 직업에서 교사 직업으로의 이직이 쉽고 빈번하다면 미국 교사의 전문성은 떨어진다는 의미일 것이다. 더욱이 미국에서 교사 직업은 저임금을 받는 직군으로 분류된다. 당연히 인기가 없게 마련이고 우수한 자원이 교육 현장으로 몰릴 리 없다.

한국 사람들이 쉽게 착각하는 것 중에 하나는 "미국 대학은 우리나라 대학 보다 졸업하기 힘들다"라는 가설이다. 이러한 검증되지 않은 가설은 미국 대학생들은 학교로부터 확실하게 제시된 기준을 통과하지 못하면 졸업을 할 수가 없고, 우리나라는 정으로 통하는 문화이고 기준도 다소 융통성 있게 적용하기 때문에 졸업이 쉽다는 논리에 기반을 둔다.

이게 정말 사실일까? 이 가설을 한 마디로 맞다 틀리다 하기는 쉽지 않다. 대학생과 대학원생의 기준이 다르고 다양한 학교와 지역을 하나의 틀로 만들어 판단하기는 어렵기 때문이다. 그러나 대학 학부생을 기준으로 한 통계자료 및 사례를 이용한 분석은 가능하다. 2009년 6월 3일 USA 투데이 보도에 따르면, 2001년 미국대학 입학생의 단지 53% 만이 6년 안에 졸업했다. 왜 이렇게 졸업률이 저조한 것일까? 대학의 졸업조건이 높아서라는 생각은 미국의 수준을 지나치게 과대평가한 착각에서 비롯된다.

높은 졸업조건이 아닌 다른 두 가지 요소가 졸업률을 낮추는 원인이다. 먼저 재정문제이다. 미국의 학생들은 대부분 자신이 돈을 벌어가며 학교를 다니고 부모로부터는 재정지원을 거의 받지 못한다. 얼핏 보면 이러한 모습이 한국 부모들의 자식들에 대한 지나칠 정도의 교육열을 고려할 때 미국의 교육 문화가 좋다고 인식할 수도 있다.

그러나 조금 더 잘 살펴보면, 북극곰 가정의 부모와 자식의 관계는 다소 이상하다. 북극곰 가정의 일원들은 심지어 가족들 간에도 북극곰 같은 성향을 가지고 있다. 북극곰 사회의 미국 부모들은 그들 자신들이 경제적 여유가 충분치 않는데 자식들 대학 보낼 돈까지 챙겨줄 수 없다는 의식이 팽배하다. 이는 또한 미국 부모의 매우 열악한 교육열 하고도 관련이 있다. 처음 이에 대한 이유가 궁금해 미국인들에게 물어보았을 때 이러한 형태의 답변을 듣고 처음에는 너무도 놀랐다. 이러한 환경은 돈이 없으면 소라도 팔아서 공부를 시키는 우리 환경과는 너무도 다른 것이기에 이해하기 너무 힘든 부분이었다.

북극곰 가정에서 자란 예비 대학생들도 부모로부터 학비기대는 처음부터 하지 않는다. 한 미국 예비대학생 아버지는 이런 이야기를 한 적이 있다. "나는 우리 딸에게 학비는 지원해 주지 않을 것인데 딸이 대학에 가고 싶어서, 공군에 지원해서 국가로부터 대학 학비지원을 받으려고 준비 중이에요." 이런 경우는 그나마 학생이 공부의 의지가 있어서 자기가 살 길을 자기가 개척하려는 모습이기 때문에 부모가 교육에 대한 관심이 부족해도 다행인 경우이다.

하지만 공부 의지가 약한 학생이 부모가 대학 학비를 지원해 주겠다는 의지마저 없는 경우라면 그 학생이 좋은 교육을 받고 안정된 사회생활을 하는 데는 어려운 위치에 있을 것임은 자명하다. 재정상황 때문에 대학을 가지 못하는 상황이 되어도 지원을 해주지 않는 정도라면 이는 아이들을 독립적으로 만드는 것이 아니라 충분한 교육을 통해 사회의 성숙한 일원으로 자라나는 것에 관심이 없는 것이라고 밖에 할 수 없다. 하버드대학교 정치연구소가 2010년 3월 9일 발표한 조사에 따르면 미 대학생의 45%가 학비를 내기 힘들어 학업을 마치지 못할까봐 걱정된다는 답변을 하였다.

경제적인 문제만큼 어떻게 보면 그 이상으로 미국에서 대학 졸업률을 저하시키는 요인은 대학생들의 빈약한 공부의지이다. 오히려 저명한 대학의 졸업률은 더욱 높다. 2009년 6월 3일 USA 투데이 보도에 따르면, 6년 안에 졸업하는 비율이 가장 높은 학교는 하버드대학교로 97%의 학생이 졸업하였다.

미국 대학생에 내재된 빈약한 공부의지는 미국 전반의 교육 무관심에 관련이 있다. 사실 경쟁력 없는 초중고교를 다닌 학생이 대학생이 되어 갑자기 공부의지를 급상승할 리 없다. 주변의 수업 조교 혹은 대학생을 강의하는 교수들이 자신들의 수업에 대한 대학생들의 공부의지 부족에 큰 한숨을 쉬는 것을 자주 보아왔다.

한 수업조교는 이런 말을 한 적이 있다. "아니 어떻게 이렇게 쉬운 세계지도도 이해하지 못하고, 왜 수업 전에 많지도 않은 책의 일부 좀 읽어 오라고 했는데 그냥 수업에 들어오는 건지 모르겠어." 그는 덧붙여 "대학원생 세미나 수업과 학부생들과는 정말 공부의지가 하늘과 땅 차이야"라고 말했다. 이러한 측면에서 보면, 미국의 대학생과 한국의 대학생은 기본 수준부터 확연히 차이가 난다. 한국의 학생들은 대학생이 되기 전부터 수준 높은 교육으로 무장이 된 반면, 하향 평준화된 중등·고등 교육을 받은 상태에서 대학에 발을 처음으로 내딛는 미국 학생들이 고급지식으로 무장되어 있으리라고 기대할 수는 없다.

그렇다면 어떻게 미국 대학교들이 전 세계에서 가장 좋은 대학들의 순위에 대부분 포진되어 있을 것일까라는 질문을 던지지 않을 수 없을 것이다. 미국 대학의 순위가 높은 것은 미국의 엘리트 중심 문화에서 그 해답을 찾을 수 있다. 극소수의 공부하는 사람은 그야말로 공부에만 매진을 하고 그들이 박사과정에 진학하고 교수가 된다. 그리고 학교의 순위는 그들의 연구실적이 중요한 평가 기준이 되어 산정이 된다. 교수가 된 후에도 눈에 보이는 실적이 없이는 교수사회에서 살아남기가 힘들기 때문에 특히 젊은 교수들을 중심으로 실적 창출을 위한 연구 분위기는 아주 높다. 이러한 엘리트 경쟁이 자연스럽게 미국 대학교의 순위를 높여주는데 한 몫을 하고 있다.

하지만 더욱 놀라운 점은 대학교의 연구중심으로 분류될 수 있는 많은 역할을 미국인이 아닌 이민자 혹은 외국인들이 하고 있다는 것이다. 미국은 전략적으로 유능한 외국인을 미국의 이민자로 만들어 미국의 국가발전에 기여하도록 하고 있다. 대학교도 마찬가지이다. 이공계열의 박사과정 학생들은 대부분이 외국인들이다. 특히 아시아 계열의 학생들이 주류를 차지한다. 사회과학계열의 박사과정 학생들은 미국학생들이 이공계열보다 많지만, 유능한 이민자를 그들의 학생으로 만들기 위한 노력은 여전하다. 상당수의 박사 과정학생들이 외국인들이다보니, 그들이 졸업 후 교수가 됨으로써 미국의 시민이 되어 살아간다. 특히 이공계열에는 외국인 교수 아닌 미국으로 귀화한 외국 출신 교수들이 상당한 비율을 차지하고 있다.

이처럼 미국 대학 졸업이 힘든 이유는 까다로운 기준 때문이기 보다는 오히려 정반대로 미국의 하급 수준의 교육 문화 때문이다. 미국의 교육이 하향 평준화되어 있는 반면, 한국의 교육은 상향평준화를 위해 달리고 있다. 따라서 수준 높은 교육으로 무장한 한국에서 온 아이들은 미국의 초등학교에서 우수한 성적을 거두고 상당수의 학생들이 우수한 학생들만 따로 모아 가르치는 재능반(gifted class)에 들어간다.

따라서 학교 관계자들은 한국 사람들이나 아시아 사람들은 으레 공부를 잘하는 것으로 인식한다. 그들은 한국 사람들이 공부를 잘하게 태어난 것으로 인식한다고 여겨지기까지 하는 정도이다. 그러나 왜 한국 사람들이 공부를 잘 할까라는 질문까지는 던지지는 않는다. 교육에 대한 중요성을 강조해 온 우리문화, 그래서 빈약한 천연자원에도 불구하고, 수준 높은 인적 자원을 바탕으로 세계에 우뚝 서고 있는 나라에 대해 그다지 배우려 하지 않는다.

지금까지 살펴본 하향평준화된 미국의 후진 교육 문화 말고도 더욱 문제인 점은 미국의 학교에는 공동체적 정신이 없다는 점이다. 미국학교에는 교사와 학생이라는 지극히 합리적이고 공식적인 관계만 존재하고, 스승과 제자라는 공동체적 관계는 존재하지 않는다. 상황이 이렇다보니 아이들은 선생님을 단순히 지식전달을 하는 사람과 규정준수를 감독하는 사람으로 밖에 인식하지 않는다. 지식전달 이외의 인생 지도자 역할은 전혀 기대할 수 없다. 당연히 교사의 인격을 논하는 경우는 거의 없다. 교사는 트레이너(trainer)이지 인생의 안내자가 아닌 것이다. 따라서 초등학교에서 한 학년을 마치고 떠나는 자리에서 1년 동안 스승과 제자 간에 아쉬워서 나누는 석별의 정이라는 것은 없다. 물론 미국에서 우리와 같은 "정" 문화를 기대할 수 는 없지만, 최소한 학교 공동체적 유대감이 강하다면, 헤어지는 스승과 제자가 최소한 아쉬워는 할 것이다.

이것은 대학도 마찬가지이다. 대학교는 북극곰 학교 공동체이다. 즉 학교에는 칠판과 펜은 존재하지만 사람들의 공동체는 없다. 우선 교수들끼리도 공동체적 유대감을 형성하지 않는다. 같은 학과의 교수들이 함께 식사를 하는 것은 보기 힘든 모습들이다. 그리고 그들끼리 하는 대화는 무척이나 합리적이고 공식적인 대화들이다.

한번은 미국 대학교에서 40년간 교편을 잡아왔던 원로교수와 미국의 사회자본에 대해서 이야기를 나눈 적이 있다. 그 분은 다른 교수와는 달리 공동체적 마인드를 갖고 계시기에 더욱 편하고 진솔하게 이야기를 나눌 수 있었다. 그는 40년 전의 학교 공동체의 모습은 지금과 너무도 달랐다는 이야기를 해주셨다. 40년 전에는 학교의 모든 교수들끼리 함께 모여 식사하러 가는 것은 너무도 자연스러운 모습들이었다고 하면서, 현재 학교를 포함한 전역에서 보여지는 미국 사회자본의 실종에 대해서 많은 인식을 표명하셨다.

교수들 관계가 이러한 상황이라면, 교수와 제자간의 관계도 공동체적 관계가 형성될 수 있을까라는 데 의심을 가질 수밖에 없을 것이다. 특히 대학에서 스승과 제자간의 관계는 학교에 공동체적 유대감의 존재여부를 판단하는 가장 중요한 잣대 중의 하나이다. 미국 교수들은 자신들을 학생들의 평생 인생의 안내자로 생각하지 않는다. 따라서 수업시간에 가끔씩이라도 더욱 중요한 인생을 가꾸는 현명한 지혜를 학생들에게 이해시키며 이야기를 나누는 시간은 존재하지 않는다. 마찬가지로 대학교에서도 교수와 학생이 저녁식사를 함께 하며 공부 이외의 인생 이야기를 나누는 것은 기대도 하지 않는다.

미국대학에 스승과 제자의 관계라는 말은 없고 교수와 학생이라는 공식적인 관계만 존재한다. 지극히 합리적·타산적·공식적 관계인 것이다. 따라서 그들은 인생에 대해서 교수와 상담하지 않는다. 대신 성적에 대해서만 상담한다. 박사과정 학생에게 교수의 역할은 졸업 후 직장을 가질 수 있는 능력을 갖추게 도와주는 전문 트레이너이지 평생의 은사가 아니다. 따라서 학문과 혹은 학업과 관련된 공식적인 대화 이외에 인생을 살면서 개인적인 어려움이나 특별히 축하해 줄 일이 있는지에 대한 서로간의 깊이 있는 대화는 찾아보기 힘들다.

특히 미국에서 스승과 제자가 개인적으로 식사를 하든지 하면, 성적과 관련한 오해를 불러일으킬 수 있기 때문에 금기시되어있다. 따라서 교수에게 감사의 카드를 전하든지 감사의 뜻으로 작은 기념품이라도 전달하고 싶으면 모든 성적 처리 절차가 다 종료된 후 해야 한다. 하지만 성적 절차가 다 종료되어도 감사의 자리를 만들기 위한 점심 혹은 저녁식사 모임도 거의 존재하지 않는다.

 6~7년 심지어는 10년 가까이 특정 교수에게 지도받고 박사가 되어 떠나는 사람도 식사 등을 통한 사교적 모임은 거의 없다. 박사가 된 것을 공식적으로 축하해 줄 뿐 식사 모임 등을 통해 제자는 그간의 가르침에 대해 스승에게 감사해하고 스승은 제자의 훌륭한 성과에 대해 칭찬해 주는 따뜻한 모임은 기대하기 힘들다.

 박사과정을 이수하고 곧 떠나는 학생에게 지도교수와 졸업 기념으로 저녁식사하면서 감사한 마음을 전하는 시간을 계획하고 있느냐고 물었던 적이 있다. 그 학생은 비공식적으로 이러한 시간을 갖는 것은 미국 사회에서 매우 어색하고 식사비 관련해서도 어색하게 되는 상황이 발생할 수 있어 하지 않을 것이라고 이야기를 하였다.

 그 오랜 시간 자신을 지도해 준 스승과 저녁 식사 한 번 편하게 할 수 없다면 그것은 학교 공동체라고 말 할 수 없으며, 스승과 제자의 공동체적 관계라고도 말할 수가 없을 것이다. 단지 직업훈련소처럼 목적을 위해 서로 만난 계약적 관계일 뿐이다. 미국 사회 전반에 퍼져있는 북극곰 사회의 모습이 학교라는 지식인이 사는 공간에서도 예외는 아니었던 것이다.

 대학 교수와 학생의 관계가 스승과 제자간의 관계가 아니라

트레이너와 훈련생의 관계라는 것은 호칭에서도 알 수 있다. 우리나라 대학에서 교수님과 박사님이라는 호칭은 아주 다른 의미이다. 대학생들은 그들의 스승을 박사님이라고 부르기 보다는 교수님이라 부른다. 대부분의 교수는 박사학위를 갖고 있지만, 박사학위가 있다고 모두 제자를 가르치는 일에 종사하는 것은 아니며 많은 박사학위 소지자들은 연구소나 기업 등에서도 다른 분야에서도 왕성한 활동을 하기 때문이다. 더욱 중요한 것은 교수님이라고 부른다는 것은 이 말에 단순한 지식전달을 해주는 트레이너가 아니라 우리 인생의 인도자 역할을 해주는 분에 대한 존경이 포함되어있다.

　하지만 미국에서는 박사(doctor) 혹은 교수(professor)를 잘 구분하지 않으며, 사실 학생들이 박사라고 호칭하는 것을 더욱 많이 들을 수 있다. 처음에는 학생들이 그들의 지도 교수에게 "Dr. A" 식으로 부르는 것을 듣고 놀랐다. 미국의 문화에 익숙하지 못한 본인으로서는 다소 예의가 어긋난 것처럼 들렸기 때문이다. 미국에서도 계속해서 professor라는 호칭을 사용해왔던 본인으로서는 궁금해 하지 않을 수 없었으며, 그래서 한번은 어느 호칭이 더 존중하는 호칭인지를 물어보았다. 결국 우리나라와는 달리 이 호칭간의 차이는 없으며, 미국의 학교를 우리나라의 학교 공동체로 보는 시각에서 예의를 갖추려 했던 나만의 생각이었다. 그래서 한번은 한 교수에게 한국에서 사용하는 "doctor"와 "professor"가 담고 있는 정서상의 차이를 설명했었던 적도 있다.

그렇다면 왜 호칭의 차이가 존재하지 않을까? 근본적으로 스승과 제자간의 관계 형성 자체가 다르기 때문이다. 우리나라는 전통적으로 스승이라는 존재는 단순한 지식전달 행위자라는 범주를 넘어 우리들을 바른 길로 인도하며 인생을 안내하는 높은 존재로 인식해왔기 때문이다. 학생들은 스승으로부터 지식만을 받는 것이 아니라 모든 것을 본받을 만한 존재로 인식해왔던 것이다. 학생들이 스승들을 우러러보는 만큼 스승들은 단순한 연구자나 강의하는 역할을 넘어 학생들이 본받을 수 있는 사람이 되기 위해 더욱 노력하고, 또한 학생들을 단순한 학문 분야만을 넘어 많은 지도를 해주기 위해 매진하는 것이다. 따라서 스승과 제자라는 학교 공동체가 형성되게 되고 스승과 제자 모두에게 이익이 되는 시너지 효과를 발휘하게 된다.

미국의 교수와 학생관계는 이러한 우리의 관계와는 사뭇 다르다. 공동체적 관계가 아니라 계약적이고 합리적인 관계이다. 따라서 트레이닝에는 효과적일지 몰라도 장기적인 시각에서 시너지 효과를 기대하기는 힘들다. 학교를 떠나면 남남이 되는 일도 빈번하다.

교수와 학생의 관계가 사회적 공동체가 아닌 이익추구의 계약적 관계이다 보니 교수도 수업의 질을 높이기 위해 노력하기 보다는 저널에 자신의 글을 하나라도 더 게재시켜 승진을 하는 데에 역량을 집중한다. 이코노미스트는 "교수들이 학생들에게 수업이 덜 부담되도록 하고 성적을 후하게 줄 테니 우리가 연구하는 데 방해되지 않도록만 해달라"는 식의 미국 대학의 잘못된 연구풍토를 지적하기도 하였다(이코노미스트, 2010년 9월 4일, 74쪽). 따라서 이코노미스트는 50년 전에 GM 자동차가 전 세계의 부러움의 대상이었지만 지금은 초라한 회사가 된 것처럼, 미국 대학의 현 위치는 부지불식간에 무너질 수 있다고 지적하였다.

실제로 미국 대학 교수들의 능력은 연구 실적 위주로 평가되어지기 때문에 학생들을 얼마나 잘, 그리고 품격 높은 내용으로 가르치는 데는 평가기준이 덜 엄격하다. 수업에 더 관심이 많은 일부의 교수들은 다수가 아닌 소수의 그룹이고 따라서 대학에서 그들은 자신의 목소리를 내지 못하고 항상 2진 그룹으로 머물러 있다. 미국에서는 대학이 교수 개인의 연구소인지 교육의 상아탑인지 구분이 어려운 것이 현실이다. 이러한 대학 교수들의 환경과 미국 중심의 저널과 평가기준이 세계의 평가기준이 된 현실을 고려할 때 미국이 세계에서 가장 우수한 대학을 보유한 것으로 평가되어지는 것은 너무도 당연할 수밖에 없다.

따라서 겉과 다른 내면의 모습을 확인하는 것은 중요하지 않을 수 없다.

물론 미국의 북극곰 학교공동체의 너무도 이상한 모습들을 단순히 일반화 하기는 힘들다. 일부 교수들은 스승과 제자간의 계약적 관계가 아닌 사회적 관계를 모색하기도 한다. 어느 교수들은 수업이 종료된 후 자신의 집으로 초대해 수업 이외에 인간적이며 사교적인 대화를 나누는 자리를 마련하기도 한다. 특히 미국이 펭귄사회였던 1950~60년을 잘 알고 있는 원로 교수들은 이러한 공동체적 유대감이 아직 남아있다. 하지만 이러한 모습들은 흔히 볼 수 없으며, 이러한 모임이 있으면 서로 이야기할 정도로 예외적인 사례(Outlying case)로 간주된다.

안타까운 일은 우리나라에서도 공동체적 스승과 제자와의 관계가 많이 퇴색하고 있다는 점이다. 미국 수준은 아니라 할지라도 학생들의 교수에 대한 존경의식이나 교수를 인생의 지도자적 위치로 인식하는 모습은 상당히 퇴색되고 있다. 학생의 잘못인지 교수의 잘못인지를 따지기는 힘들다. 닭이 먼저냐 알이 먼저냐의 싸움은 의미 없는 논쟁이기 때문이다.

오히려 우리나라의 공동체적 스승과 제자간의 관계 문화가 퇴색되는 것은 우리 사회 전반의 문제로 접근할 필요가 있다. 우리 사회는 우리도 모르는 사이에 공동체적 유대감이라는 사회

자본을 조금씩 잃고 있기 때문에 우리도 미국처럼 변해가고 있는 것이다. 따라서 학생의 잘못도 교수의 잘못도 아닌 우리 사회 모두의 잘못임을 깨닫는 것이 필요하다. 그래도 다행인 점은 아직까지 우리는 공동체적 펭귄 문화를 유지하고 있다는 것이다. 희망이 있다는 이야기이다.

보다 종합적으로 생각해보면 미국의 초중고 공교육은 지식적으로 하향평준화되어있고, 학생들로부터 규범을 인식케 하는 공동체적 역할을 수행하지 못한다. 학교의 아이들은 북극곰으로 행동한다. 또한 대학교 교육은 지식 평준화라는 굴레는 없지만 학교 공동체라는 유대감도 거의 없다. 미국의 교육이 공동체적 유대감 형성에 대한 학습은 부족하지만 능력 있는 일꾼으로 만들어내는 알찬 교육시스템을 갖고 있을까? 사실 전자에 대한 교육 없이 후자에 대한 수준 높은 성과를 기대할 수는 없다.

전반적인 교육 구조나 환경 측면에서도 한국의 모습이 미국의 모습보다 훨씬 탁월하며 우리가 가르쳐 줄 부분이 많다. 이러한 측면에서 미국 입장에서 오바마 행정부의 교육 개혁노력은 미래를 위한 미국의 모습을 위해 중요하지 않을 수 없을 것이다.

오바마 대통령은 수차례 미국의 빈약한 교육과 한국의 우수한 교육을 비교하기도 하였다. 특히 오바마 대통령은 한국의 교육열을 강조하면서 한국 학생들은 비디오 게임이나 TV에 시간을 낭비하지 않는다고 소개하기도 하였다. 또한 그는 한국 부모들은 자녀들이 수학, 과학, 외국어 등 가능한 모든 분야를 잘 하기를 바란다고 강조하면서 한국 부모들의 교육에 대한 관심을 소개하기도 하였다. 더불어 가난해도 자식들은 최상의 교육을 받아야 한다는 한국의 교육 문화를 미국의 약한 교육열에 비교하기도 하였다.

 미국 대통령도 우리나라 교육의 좋은 점을 부러워하는 시점에서도 한국의 경쟁적인 교육 현실만을 지적하는 일부 한국 사람들은 미국의 교육은 창의력을 키워주는 교육이라며 우리나라는 주입식 교육을 한다고 쉽게 단정해버린다. 한국에서 우리가 창의력에 기본을 두고 교육을 시킨다고 생각한 미국의 공교육이 와서 보면 학생들에게 알찬 교육을 시키지 못해 학생들이 창의력이라도 갖지 않으면 발전할 수 없다는 것을 알게 된다.

 물론 한국의 치열한 사교육 문화를 찬성하지는 않는다. 지나친 사교육은 걷잡을 수 없이 통념화되어 이제 한국 부모들에게는 선택의 문제가 아닌 준의무교육으로 변해버렸다. 학교를 마친 학생들은 학교에서보다 더 많은 시간을 학원에서 보내야 하는 현실은 더욱 안타깝다. 이러한 안타까운 현실이 있다고 한국 교육이 형편없는 미국 교육보다 수준이 낮다고 치부하는 것은 무서운 생각이다. 이것은 미국의 교육을 과대평가하고 우리 한국의 교육 환경을 과소평가하는 오류와 패배적 사고에서 비롯되는 것이다.

　미국은 수준 낮은 교육 문화 속에서도 무수한 물질적 자원과 천연자원을 가지고 있어, 발전에 그다지 큰 방해가 되지 않을 수 있다. 하지만 우리나라는 우수한 인적 자원 없이는 발전을 기대할 수 없다. 우리나라 사람들이 미국 학생들도 가기 힘들어 하는 하버드 대학이나 예일 대학 등을 입학하는 것은 경쟁력 있는 한국 교육 문화가 있기에 가능한 것이다. 또한 이러한 경쟁력 있는 교육을 통해 성장한 인적파워를 바탕으로 한국의 기업들이 세계의 기업으로 자라나고 있는 것이다.

　이러한 측면에서 우리가 추락한 미국 교육을 따라가야 한다고 생각하는 것은 2등 국가적 의식이라고 할 수밖에 없다. 우리나라는 이제 다른 국가를 막연히 따라가는 위치에 있는 것이 아니고 다른 국가를 선도하는 위치에 있다는 자부심을 가져도 충분하다. 반도체, 조선, 자동차 분야에서 한국은 세계시장을 석권하고 있다. 한국이 미국과 같이 하향 평준화된 교육 문화를 가졌다면 물적 자원이 빈약한 한국이 이와 같은 성과를 내는 것이 가능하였을까? 월등한 교육열과 학부모들의 자녀 공부 환경 보장에 대한 강한 의지 없이 6 · 25 전쟁 후 폐허가 되어 아무것도 가진 것이 없고 그 후 세계로부터 아무런 관심도 이끌어내지 못하던 변방의 작은 나라가, 21세기 아시아에서 살기 좋은 2번째 나라가 될 수 있었을까?

　교육 분야에서 미국을 따라하려는 의식 대신 다른 두 가지에 관심을 두어야한다. 첫째, 지나친 경쟁과 입시 위주의 교육으로 인한 후유증을 최소화하기 위해 대안학교나 민족사관학교와 같은 공동체 중심의 학교, 그리고 넓은 사고를 키워주는 학교의 활성화에 관심을 가져야 한다. 둘째, 한국의 지나친 교육 위주의 문화가 학생들을 북극곰으로 만드는 형태로 와전되는 것을 막아야한다. 자신이 성적에서 이기려면 혼자여도 괜찮다고 생각하는 등 우리 미래의 주역들을 친구나 다른 공동체는 중요치 않게 생각하는 사람으로 길러내어서는 안 된다. 즉 미국을 따라하면 안 되는 것이다. 미국은 치열한 교육 경쟁 없는 문화 속에서도 북극곰 문화가 되었다. 미국이 치열한 교육 경쟁 문화를 가졌더라면 개인적 이기주의가 더욱 심화되어 북극곰 문화로의 퇴행 속도는 더욱 빨랐을 것임은 자명하다.

　따라서 우리의 아이들이 능력 있는 세계의 주역으로 성장하되 마음이 고립되지 않고 주변을 돌아보고 공동체를 살필 줄 아는 사회적 동물로 성장시켜야 한다. 이렇게 교육된 아이들이 사회로 나가서 주역이 되면, 우리나라는 물질적 자본 뿐만 아니라 사회적 자본도 풍부한 더욱 살기 좋은 나라가 될 것이다. 한국의 교육이 개선돼야 할 점이 있다면 이러한 방향에 중점을 두고 개선해야한다. 다시 말해 한국의 교육개선은 미국을 모델로 삼는 것이 아니라 미국이 잘못 걸어왔던 길로부터 교훈을 얻는 방향으로 이루어져야 하는 것이다.

능력 있는 아이들이 자신들의 친구도 챙길 줄 알고 노약자에게 자리도 양보하고 스승의 날에 선생님께 따뜻한 감사의 글을 보낼 줄 아는 펭귄으로 자라나야 하는 것이다. 공동체적 의식은 그들로 하여금 높은 교육 수준에 맞는 리더십도 갖게 함으로써 반기문 유엔 사무총장과 같은 세계의 지도자적 인물을 더욱 많이 배출케 해줄 것이다. 또한 내부적으로는 사회적 미숙아를 방지하여 시민사회를 더욱 건강하게 해야 한국의 지속발전의 원천이 될 것이다. 이것이 바로 사회 자본의 육성과 성장이 중요한 이유이다.

이러한 목표를 달성하기 위해서 교육은 학교나 학원의 임무로만 치부해서는 안 된다. 가정교육은 무척이나 중요하며 공동체나 지역 단위로 그들에게 한국의 소중한 공동체적 문화를 가르쳐주기 위한 활동도 활성화되어야한다. 공동체 역할을 열심히 한 학생들에게는 가산점을 주는 것도 하나의 방안이 될 수 있다. 이와 같은 교육은 공고한 사회 자본을 가진 펭귄사회를 만들기 위해 아주 중요한 일들이다.

6. 규정과 법이 지배하는 구조 하에 도외시되는 규범과 관습

미국은 공식적인 법률과 규정이 지배하는 사회이다. 미국은 아주 세세한 하나하나까지도 제도화·규정화하려고 하면서 미국 사람들을 구속하고 그들의 행동반경을 줄인다. 따라서 관습, 지역 문화, 전통과 같은 비공식적 요소들의 목소리는 철저히 소외된다. 미국은 세계 각지에서 온 사람들이 만들어낸 국가이다. 따라서 그들은 문화의 다양성을 바탕으로 시작된 국가이다. 하지만 이러한 문화적·관습적 다양성을 공식적인 규정과 법률이라는 틀 속에 사장시킨다. 상황이 이렇다 보니, 미국 사람들은 그들의 조상에 대해서 그다지 관심이 없고 잘해야 건국의 아버지를 규정적인 틀 하에서 인식할 뿐이다.

미국의 교육은 모든 것이 규정이며 법률적인 구조 하에 이루어지기 때문에 공동체적 관습이라는 것은 설 자리가 없다. 따라서 미국 교육은 지식적 측면에서 하향평준화되어있을 뿐만 아니라 지식 외의 것을 가르치는 공간의 역할을 수행하지 못한다. 학교 교육은 교과서에 담겨있는 지식 이외에 공동체라는 사회 공간에서 사는 사회적 동물인 인간이 지녀야 할 소양을 가르치고 공동체 규범을 가르치는 역할을 수행하여야한다. 어릴수록 이러한 교육의 효과는 더욱 높다. 따라서 초등학교는 더욱 중요하다. 하지만 미국의 초등학교에서는 공동체 규범과 소양을 가르치는 대신 규정과 규율에 순응하는 미국이라는 커다란 고정된 시스템의 일부가 되도록 가르치고 그렇게 함으로써 미국이라는 시스템적 기능에 방해가 되지 않도록 하는데 더 집중한다.

초등학교 학생은 학기가 시작되면 첫 수업부터 각반 선생님으로부터 반의 학생이 지켜야 할 규정(rule)을 지시받는다. 규정과 규범은 다르다. 규정은 법처럼 공식적인 룰이라 할 수 있는 반면 규범은 구속력은 없지만 반드시 지켜야하는 것으로 서로간의 공감과 인지를 바탕으로 한 행동지침이다. 미국 학교는 초등학교부터 지나치게 합리적으로 규정중심주의의 교육을 실시하여 학기 시작과 동시에 첫 번째 항을 시작으로 마지막 조항까지 규정준수 교육을 받고 이를 어길시 따르는 대가에 대해서도 교육을 받는다.

이 규정은 지극히 공식화되어있어 공동체에서 비공식적으로 지켜야하는 규범적 성격의 기능을 무력화시키는 역할을 한다. 이 규정 외의 것은 규범적으로 예절바르지 못한 행동이어도 묵인되는 것도 문제이지만, 규정준수를 강조한 나머지 규정을 어긴 결과만을 가지고 따지면서 과정에는 관심을 그다지 두지 않는다는 것도 문제이다. 그래서 피해자가 가해자로 둔갑하는 경우도 있다.

초등학교는 가정을 떠나 처음으로 사회에 발걸음을 내딛는 첫 번째 공동체 공간이다. 당연히 아이들의 공동체적 마인드와 규범적 마인드를 각인시키는데 초등학교의 역할은 중요할 수밖에 없다. 하지만 미국의 교육이 규정중심주의의 교육이 되다보니 더욱 중요한 규범의식은 도외시된다. 학생들은 선생님에게 인사하지 않는 것은 규정에 어긋나는 것이 아니기 때문에 학생들의 관심 밖의 사항이다. 우리나라에서 수업시작 전 반장이 일어나 학생 모두가 선생님에게 인사하는 규범적 모습은 없다. 교사가 아이들의 이름을 하나하나 부르고 이에 답하는 것으로 인사를 대신한다. 떠들다가도 선생님이 들어오시면 조용히 하던 우리나라의 전통적 스승과 제자간의 관계는 전혀 없다.

어린아이들이 다니는 초등학교는 그렇다 치더라도 다 자란 어른들이 다니는 대학교와 대학원도 마찬가지로 교수가 교실에 들어오든 말든 인사도 하지 않고 그들의 수업 전 소란스러운 목소리와 행동을 통제하지 않는다. 마찬가지로 스승의 날은 공식적으로도 존재하지도 않고, 비공식적으로도 관심의 대상이 아니다.

대학교에서도 규정 교육은 철저하다. 교수나 강사들은 첫 수업시간에 수업 중 지켜야할 소위 수업룰(Class rule)을 강조한다. 다른 학생들의 발언에 다소 목소리를 높이는 등 수업룰을 어기면 공동체 일원으로서 지켜야할 덕목을 가르쳐주고 다음에 그렇게 하지 않도록 깨달음을 주는 것이 아니라, 그들의 잘못은 바로 성적과 직결된다. 공식적 룰을 지키지 않으면, 공식적 성적에 영향을 끼치는 것이다. 따라서 미국 학생들은 성적을 걱정하지 그들의 무례함에 대한 죄송함이나 미안함을 갖지 않는다.

미국에서 교수들이 공동체적 관습을 가르쳐주지 않는 것은 어찌 보면 당연하다. 그들도 북극곰 사회의 일원이고 따라서 공동체적 유대감의 본질에 낯설기 때문이다. 따라서 수업 공동체를 진작시키는 발언이나 모습들은 부재하다. 그들은 학생들에게 "여러분들은 이 수업이라는 매개체를 통해 함께 배우는 공동체이므로 어려울 때 서로 돕고 수업 교실 밖에서도 만나서 모르는 것들을 서로 해결하는 활동을 가지라"고 지도하지 않는다. 이러한 비공식적 모습들은 북극곰 사회에서는 너무도 낯선 문화이기 때문이다.

합리성의 결과물인 규정과 룰이 지배하는 사회는 종종 비합리적 모습으로 귀결되기도 한다. 미국에서 사이렌을 울리면서 달려가는 경찰차, 소방차, 응급차 등을 보면 모든 차는 정지해야한다. 처음에는 이런 모습이 더 급한 일에 처해있는 사람들을 위한 배려라는 차원에서 좋아보았다. 하지만 미국인들은 정지하지 않으면 규정에 따라 엄청난 벌금을 부과받는다는 것에 벌벌 떨며

정차에 급급한 모습을 보여주었다. 더욱이 그들의 규정 노예화 의식은 그들로 하여금 종종 사이렌을 울리는 차를 볼 때 상황 판단 없이 급정차를 하여 사고의 위험성도 불러일으키기도 한다.

더욱 불합리하게 보이는 점은 사이렌 차량이 진행하는 차선뿐만 아니라 반대 차선의 차량도 정차해야한다는 것이다. 심지어 중앙 차선에 블록형태로 철저히 분리된 도로에서도 반대편 차선의 차량도 정차해야한다. 이것이 정말 합리적일까 아니면 사이렌 권력일까? 급한 사람들에게 먼저 배려해야한다는 것은 규정에 의한 강제성보다는 공동체 의식에서 이루어지는 사회가 바람직하고 영속성 있는 사회일 것이며, 더욱이 장기적 관점에서 더 합리적인 모습도 가질 것이다. 즉 공동체적 합리성은 가능하다.

사실 이 뿐만이 아니다. 규정과 법률에 의한 지배현상은 미국 전체에서 너무도 꼼꼼할 정도로 구조화, 그리고 만연화되어있다. 미국에서 어린아이들은 잠시 혼자 두고 다른 일을 본다든가 자리를 잠시라도 이탈하면 아이들을 돌보는 데 소홀했다는 법률적 사고를 바탕으로 바로 구속해서 수사한다. 미국에서는 아이들을 잠시 혼자 두었다가 경찰이 그 부모를 구속했다는 뉴스를 자주 접할 수 있다. 그 뉴스는 다른 부모로 하여금 이 법률의 집행에 대한 강력한 경고를 전달한다.

실제로 동네 놀이터에서 비슷한 광경을 목격한 일이 있었다. 미국 아이들이 동네 놀이터에서 놀고 있었는데, 그 중 한 미국 사람이 노는 아이들 중 한 아이의 보호자가 없다는 것을 알고 바로 경찰에 신고했고 경찰은 정말 놀랄 정도로 빨리 달려왔다. 이러한 과정에서 신고한 사람은 그 아이에게 상황을 물어보고 그 아이의 보호자에게 전화해보거나 접촉을 시도하려는 모습은 보이지 않았다. 그들은 법에 의한 사고를 바탕으로 경찰부터 찾지 공동체적 사고를 바탕으로 이 아이들을 따뜻하게 감싸고 관습과 문화적인 해결을 하려고 하지 않는다. 사실 그 부모는 아이들 바로 옆에는 아니라도 그 놀이터 바로 옆에 있는 다른 공간에서 아이들을 지켜보고 있었던 것으로 확인되었다.

이것은 비단 취학 전 아동과 같은 아주 어린아이들만을 대상으로 하지 않는다. 12살 미만의 아이들은 집에 혼자두지 못 한다. 이러한 경우 부모는 구속대상이다. 미국 부모들은 아이들이 어릴 때부터 아이들을 어떻게 공동체적이고 사회적인 일꾼으로 키워야하는가를 고민하기 보다 법의 공포 속에 잠시 자리를 비우면 경찰에 구속될 수 있으니까 조심해야 한다는 생각부터 하게 된다. 참으로 웃지 못 할 광경인 것이다.

아이들을 잠시 혼자 두었다고 바로 그 아이의 부모를 구속해서 수사하고 법률에 따라 처벌하여 교도소에 가둔다면 이것이 정말 아이들을 위한 일일까? 부모와 자식 간의 중요한 공동체적 유대감은 법 집행이라는 정당화에 뒷전이고 이것은 결국 아이들에게 큰 피해로 돌아간다. 부모들이 교도소에 갇혀있는 아이들은 부모들의 사랑을 받으며 자랄 수 있는 기회를 박탈당하게 되고 출소 후에도 그들의 부모가 감옥에 갔었다는 사실은 아이들에게 오명이 되어 그들의 미래 인생에 악영향을 끼치게 된다.

법과 규정이라는 것은 사람들을 구속하고 위협을 주려는 목적보다 사람들의 권리를 보장하고 보호하기 위한 목적으로 집행되어야한다. 전자의 경우는 법 지배 사회이고, 후자의 경우는 법 가동 사회라고 할 수 있다. 법 가동 사회에서는 법률과 규정이라는 공식적 룰 이외에도 관습과 공동체적 문화라는 비공식적 룰도 함께 어우러져 움직이는 사회이다. 아쉽게도 미국은 너무도 철저한 전자의 사회이다.

7. 가정교육 없는 가족문화

미국에는 우리나라 개념의 가정교육이 부재하다. 우선 앞서 언급한 것처럼 많은 사람들이 혼자 산다. 당연히 가정교육이란 있을 수 없다. 가정교육은 평생 교육이다. 단지 유아나 초등학교 시절의 아이들만 가정교육을 받는 대상이 아니다. 커서도 인생 경험이 많은 부모나 조부모로부터의 교육이 평생 교육인 것이다.

여러 명이 함께 사는 가정도 아이들에게 공동체적 중심 교육을 등한시 한다. 미국의 아이들에게서 어른들을 보고 인사를 하거나 인생 경험이 많으신 나이든 분들을 존경하려는 의식은 찾아 볼 수 없다. 어려서부터 이에 대한 교육을 가정에서 하지 않기 때문이다. 미국에서 여러 가정집을 다니면서 경험한 결과 미국의 아이들이 먼저 인사를 하거나 손님에 대한 예의를 갖추는 것을 본 적이 없다. 우리나라에서 보는 것처럼 부모와 자녀가 함께 길을 가고 있는 상황에서 이웃이나 부모의 친구를 우연히 마주 쳤을 때 인사를 하지 않는 자녀를 다그치며 인사 예절을 가르치는 아름다운 관습은 미국에는 존재하지 않는다. 손님과 주변 어른들에 예의를 갖추지 않고 인사도 등한시한다는 것은 무슨 뜻일까? 자신 외의 세상에는 관심이 없고 밖의 세상으로부터 행동규범의 내재적 단속도 이루어지지 않는다는 뜻이다. 이러한 아이들이 자라서 사회인이 되면 공동체의식이 없는 북극곰 사회인이 되는 것은 자명하다.

8. 시민사회를 위축시키는 거대 공권력

공권력은 국가 의사결정의 주체로서 사회의 개인을 구속하는 명령으로 해석된다. 모든 국가는 질서를 유지하고 법을 집행키 위해 공권력을 행사한다. 그러나 공권력의 정도는 국가마다 많이 다르다. 민주주의 정부는 시민사회를 위축시키지 않으려고 공권력을 최소화한다. 반면 과거 나치정부는 어마어마한 공권력을 행사했었고 현재도 권위주의 정권은 무소불위의 공권력을 행사하고 있다.

놀랍게도 민주주의의 대부로 인식되는 미국은 막강한 공권력으로 인해 시민사회는 상당히 위축되어 있다. 특히 외부 모습에 걸맞는 시민 사회 자유지수를 가지지 못하고 있다. 이코노미스트의 Intelligence team에 의해 2008년 발표된 민주주의 인덱스(Democracy Index)에 의하면 놀랍게도 2008년 현재 미국의 민주주의 순위는 1위가 아니라 18위에 그쳤고, 더욱 놀라운 점은 민주주의 지수에서 1위와 2위를 기록한 스웨덴과 노르웨이는 시민자유지수에서 10점 만점을 기록한 반면, 미국의 시민자유지수는 10점 만점에 8.53에 그쳤다. 이 수치는 멕시코 (8.82)나 콜럼비아 (8.82) 보다도 낮은 수치였다. 이는 미국의 초대 공권력이 얼마나 미국의 시민사회를 위축시키고 민주주의를 해치고 있는지 간단하면서도 확실하게 보여주는 통계적 수치라고 할 수 있다.

다소 이상하게 보일 정도로 민주주의 국가의 대부 격인 미국의 공권력은 지나치게 막강하여 시민사회를 상당부분 위축시키고 있다. 먼저 연방정부 기관의 공권력은 특히 9·11 테러 이

후 시행된 다양한 테러방지의 일환으로 미국 애국법(USA PARIOT Act)과 같은 다양한 절차를 통해 강화되었다.

하지만 이러한 조치들은 연방정부 기관에게 시민사회를 강력하게 통제할 수 있도록 엄청난 권력을 주고 있다. 미국에는 16개의 연방정부 차원의 정보기관이 있고, 또한 지역차원의 수많은 정보기구가 있다. 이 기관들은 테러방지라는 미명하에 무소불위의 공권력을 행사한다. 미국 애국법은 관련기관에서 시민사회 개인들의 이메일, 전화기록 등에 대한 기록을 더욱 쉽게 조사할 수 있도록 권한을 부여하고 있다.

이 정보기관들은 또한 아랍인들과 같은 지역 정보원들을 모집해 잠재적 테러 대상자들에게 잠입해 테러 가능성에 대한 정보를 파악한다. 이런 지역 정보원들이 제공한 증거를 바탕으로 잠재적 테러리스트를 기소하기도 한다. 즉 선제적 기소 전략(Preemptive prosecution strategy)하에 테러를 했기 때문에 기소하는 것이 아니라 테러가능성이 있다고 해서 대상자를 기소 처리하는 것이다.

이런 전략이 미국의 시민들이 농담이라도 한마디 잘못했다가는 기소될 수 있다는 점에서 미국의 시민사회를 크게 위축시킬 수 있다. 선제적 기소 전략 하에 기소처리된 대표적인 사례가 Fort Dix Five 사건이다. 미 FBI는 10여명의 아랍출신 미국인들이 교외에서 "신은 위대하다"라고 외치며 사격연습하는 것을 보고, 이들을 조사하기 시작했다. 특히 아랍출신 사람을 정보원으로 고용해 이들에게 접근케 하여, 각종 정보를 제공받았다. 이러던 중 이들이 미국 육군기지인 Fort Dix를 여행하고, AK-47 등 다양한 무기를 구입하는 것을 포착하고 Fort Dix 테러 시도 혐의를 5명을 기소해 무기징역을 선고했다.

9·11 테러의 아픔을 겪은 미국에게 테러방지를 위해 다양한 노력을 기울이는 것은 중요한 일일 것이다. 이러한 정보기관들의 노력덕분에 9·11 이후 있었던 400여건 이상의 테러관련 활동들이 사전에 저지되기도 하였다. 하지만 선제적 기소 전략 하에 무고한 사람들이 기소 처리되어서는 안 된다. Fort Dix 사건에서 무기징역을 선고받고 복역 중인 사람들의 가족들은 지금도 그들이 테러계획을 절대 세우지 않았다고 항변하고 있다. 그들이 했던 말들과 행동들을 연방정부 기관들이 과도하게 해석했다고 주장하는 것이다.

Fort Dix 사건에서 이러한 논쟁은 한 쪽 편을 들기는 무척이나 힘든 일이다. 연방정부 정보기관은 테러방지 노력도 중요하고, 죄가 없는 사람도 기소되면 안 되는 일이기 때문이다. 한 가지 명백한 점은 선제적 기소 전략이 사람들로 하여금 말 한마디 못하도록 하여 시민사회를 위축시키는 방향으로 와전되어서는 안 된다는 것이다. 보다 투명하고 정확한 증거로 사람들을 구속 기소하는 노력을 통해 무고한 사람들이 처벌받는 있는 일이 없도록 해야 한다. 이렇게 될 때 테러를 사전에 포착하고 미국을 보호하는 미국 정보기관의 노력이 미국인들부터 마음에서 우러나오는 공감대를 형성케 함으로써, 테러도 방지하고 미국의 시민자유도 보장하는 형태로 발전할 것이다.

후기 9·11 시대에 미국의 시민사회가 위축되는 더 큰 사례는 테러방지를 구실로 갈수록 심해지는 행동제한과 도외시되고 있는 인권문제이다. 미국의 행정수도인 워싱턴 디씨에서 개인들은 연방정부 기관 내부가 아닌 근처에서도 사진 한 장 찍은 것에 상당한 제한을 받고 있고, 수많은 보안요원이 단순한 관광객조차 감시한다.

또한 미국 연방 교통안전청(TSA)는 미국의 모든 공항에서 비행기에 탑승하는 모든 승객에게 보안 검색소에서 신발과 외투를 벗게 요구하고, 각종 전자제품을 케이스에서 꺼내도록 요구받는다. 문득 멀리서 보면 검색이 아니라 심문을 받는다는 생각이 들 정도로 인식이 된다. 이 정도 만으로도 사실 인권 측면에서 심각한 우려를 자아내기에 충분하지만, 미국의 공항 검색 시스템은 인권과 사생활 측면에서 최근 더욱 악화되었다. 2010년부터 미국에 전신투시기가 본격적으로 가동된 것이다.

전신투시기는 심각한 사생활 침해와 인권 모독에 가까운 검색 시스템이다. 많은 미국인들은 전신투시기 통과를 꺼린다. 하지만, 이를 거부하는 미국인들은 개인 검색요원들로부터 그들의 손을 이용한 더욱 불쾌한 검색을 받아야한다. 따라서 이러한 강화된 체계가 본격 가동된 후에 미국에서 반대 움직이 있기도 하였다. 특히 가장 많은 사람들이 이동하는 2010년 추수감사절을 기점으로 한 단체는 새로 도입된 보안체계에 대한 반대서명 운동을 하기도 하였다. 하지만, 많은 미국인들이 싫어하고 꺼리는 이러한 체계를 막을 만한 공공한 사회 공동체가 미국에서 없었기 때문에, 이러한 반대움직임은 전국적인 규모의 목소리로 확대되지 않고, 국지적인 수준에 그쳤다. 다시 말해 공권력은 무척이나 강한 반면, 균형을 이루어야할 시민사회는 너무도 약했던 것이다.

마찬가지로 미국의 공권력은 "이것은 국가안보와 관련된 거야"라는 한 마디에 시민사회를 꼼짝 못하게 하는 측면이 있다. 국가안보는 국가와 국민의 생존과 직결된 문제이기 때문에 모든 국가의 가장 중요한 이슈임에 틀림이 없다. 그러나 실제로 국가안보를 위해 최선을 다하는 노력들과 국가안보를 구실로 시민사회를 위축시키는 것과는 분명 다르다. 두 가지 측면 모두를 다 고려하는 것은 쉽지는 않지만 불가능한 것도 아니다. 문제는 가능불가능의 문제가 아니라 의지의 문제라고 할 수 있다.

연방정부는 테러방지를 구실로 시민사회를 위축시킨다고 하지만, 미국 내 테러임무와 직접 관련이 없는 지역경찰의 공권력 또한 이해할 수 없을 정도로 막강하다. 미국 경찰은 그들의 목표(쉬운 예를 들면 범인 체포)에 지나친 노력을 하는 반면, 그 과정에 발생하는 인권침해는 크게 고려하진 않는 경향이 있다. 한국에서 경찰이 시민들에게 수갑을 채우는 일을 보는 것은 흔치 않다. 하지만, 미국에서 경찰이 사람들에게 수갑을 채우는 것을 너무도 쉽게 볼 수 있다. 음주운전자는 현장에서 바로 수갑이 채워지고 경찰서로 압송된다.

음주운전은 운전자 자신 뿐만 아니라 무고한 다른 사람도 크게 다치게 할 수 있기 때문에 분명 위험한 일이다. 그들에게 적법한 책임을 묻게 하는 것은 지극히 당연하다. 그러나 현장에서 많은 시민들이 보는 대로에서 음주운전자의 수갑을 채우고 경찰의 공권력을 과시하듯 총을 만지작거리며 태연스럽게 행동하는 것은 분명 시민사회를 크게 위축시키는 모습 중 하나이다.

그러나 경찰이 얼마나 총기 사용을 쉽게 생각하는가를 보면 수갑문제는 꺼내기도 우스운 문제이다. 지역경찰은 다양한 이유로 시민들의 차를 정지시켜 소위 검문을 한다. 예를 들어 자동차 후미등 하나라도 꺼져있으면 경찰은 조용히 그 자동차의 후미를 따라오고 길가에 정차를 요구한다. 그리고 정지한 차 뒤에서 그 자동차와 관련된 각종 정보를 검색하고 천천히 운전자에게도 온다. 이 과정에서 가장 주의할 점은, 운전자는 운전대에 가만히 손을 대고 운전석에 앉아 있어야 한다. 문을 열고 나온다든지 손이 다른 곳으로 움직이는 것이 포착되면, 경찰이 총을 겨눌 수 있다고 생각하는 것은 미국의 통념이 된 지 오래다.

우리나라에서처럼 경찰이 검색하거나 혹은 운전자에게 질문하기 전에 시민사회의 일원인 개인에게 경례를 하고 양해를 구하는 것을 기대하는 것은 상상조차 하기 힘든 일이다. 한 미국 친구에게 한국의 이러한 사례를 이야기했을 때 믿지 못하겠다는 반응을 보일 정도로 한국을 부러워했던 사례도 있었다. 이런 측면에서 우리나라 경찰은 미국보다 훨씬 높은 수준의 민주경찰이라는 생각이 들었다.

미국 경찰이 이렇게 검문과정에서 지나치게 대응하는 것은 그들 나름의 이유와 미국사회의 제도적·역사적 기원도 있다. 미국은 총기 휴대법에 따라 개별 시민들도 쉽게 자신의 총기를 가질 수 있다. 미국의 건국역사에서 질서 없는 새로운 개척지에서 총기는 뺄 수 없는 초기 정착민들의 생존 수단이며 필수불가결한 수단이었다. 그들은 야생의 동물로부터 그들을 지켜야 했고, 또한 사냥을 통해 식량문제를 해결해야만 했다. 시간이 지남에 따라 총기는 단순한 무장수단이 아닌 미국사회의 문화가 되어갔다. 따라서 미국 건국의 아버지는 수정헌법 제2조를 통해서 무기를 소유하고 휴대하는 국민의 권리를 헌법으로 보장하였다.

하지만 지금의 총기휴대는 초기 정착민들의 총기휴대와는 거리가 멀다. 개인들을 보호해주는 너무 심하다 생각될 정도로 어마어마한 수의 경찰들이 있고, 강력한 법질서 하에 운영되는 완성된 국가라는 정반대의 상황 하에 있다. 그러나 미국인들의 초기 헌법유지에 대한 집념은 지나칠 정도여서, 총기휴대로 인한 파생된 문제점이 지나칠 정도로 많아도 그 헌법을 수정할 생각은 전혀 하지도 않는다. 더욱이 미국 총기협회(NRA)는 그들의 이익을 조금이라도 잃지 않기 위해 의회 및 정부에 오랫동안 로비를 하여왔고, 그들의 목소리는 더욱 더 높아지고 있는 실정이다. 따라서 누구나 쉽게 총기휴대가 가능하니 경찰은 언제라도 총을 맞을 수 있다는 경계의식을 한 채 시민을 대해야 하는 것이다.

문제는 경찰이 시민무장을 핑계로 지나치게 대응하면서, 시민을 지키는 역할이 아닌 시민의 인권을 침해하고 심지어는 그들에게 총을 겨누어 종종 사망케 하는 일까지 발생한다는 점이다. 예들 들면 2009년 4월 캘리포니아주에서 현지 경찰이 운전 중인 한인 여성을 총으로 쏴 죽게 하는 일이 발생하였다. 그 한인 여성은 13개월 딸을 태우고 어바인 시에서 교통신호를 위반한 뒤 경찰의 정지 명령을 무시하고 달아나다 경찰의 총격을 받고 숨졌다. 어린 아이를 태운 한 엄마를 경찰이 이 정도로 과잉 대응 한 것도 큰 문제이지만 더욱 문제인 것은 미국의 시민사회는 이러한 일들이 이제 더 이상 대수로운 일들로 생각하지 않을 만큼 무뎌졌다는 점이다.

경찰의 공권력은 사회적으로 소외된 사람들이 많은 지역에서는 더욱 남용된다. 뉴올리언스는 미국 루이지애나주의 최대도시이다. 주류 인종은 흑인이며 경제적으로 빈곤하고 사회적으로 소외된 사람들이 많이 산다. 이곳은 2005년 허리케인 카트리나로 엄청난 피해를 입었었다. 지역 주민들이 카트리나로 고통 받고 있을 때, 지역 경찰은 그들의 힘이 되어주기는 커녕, 이를 틈타 더욱 심한 만행을 저질렀다. 2005년 12월 흉기를 휘두르는 한 흑인 남성을 총을 10여발이나 발사해 살해해 경찰의 과잉진압이 논란이 되기도 하였다.

또한 카트리나로 고생하던 무고한 시민들을 약탈자로 몰아 살해하는가하면, 그들의 만행을 감추기 위해 혈안이 된 여러 경찰들의 조직적인 사건이 밝혀지면서 큰 사회적 이슈가 되기도 하였다. 예를 들어 2005년 Danziger 다리에서 2명의 무고한 시민을 총으로 살해하고, 4명을 다치게 했다. 이 Danziger 사건에 6명의 경찰이 혐의를 받고 있다(이코노미스트, 2010 7월 24일, 32~34쪽).

또한 아리조나주 마리코파 카운티(Maricopa County) 경찰업무 총괄 책임자인 조 알파요(Joe Arpaio) 보안관(sheriff)은 인종차별과 권력남용으로 오랫동안 의심을 받아왔다. 특히 그는 라틴계 사람들을 싫어해 이런 부류의 사람들을 집중 타깃으로 삼아 검문하고 권력을 남용해온 것으로 혐의를 받아왔다.

우리의 시민사회에서 경찰 공권력이 이 정도로 강했더라면 분명 나름의 목소리를 내고 이에 대한 확실한 확인을 요구하고 적법한 조치를 당국에 요구했을 것이다. 하지만 이기주의로 무장된 북극곰 사회인 미국은 오히려 정반대의 목소리를 내왔다. 대다수의 아리조나 주민들을 그들을 지지해왔다. 심지어 알파요 보안관이 불법 이민단속법인 SB 1070에 반대의 목소리를 내기 위한 평화시위대에 물리력을 동원해 제압하고 현장에서 구속시킨 사건도 발생하였다. 이러한 믿지 못할 광경에도 불구하고, 아리조나 주민들은 멕시코계 이민자들을 겨냥해서 검문하는 그를 적극적으로 지지했고, 그의 권력남용으로 인한 병들고 있는 사회나 공동체의 파괴 등은 걱정하지 않았다. 그러나 아무리 심각한 수준의 북극곰 사회라도 꼬리가 길면 잡힌다는 속담이 이 경우에도 입증되었다. 결국 미 연방 사법부가 조 알파요 보안관의 권력남용에 대한 조사를 시작한 것이다(이코노미스트, 2010년 8월 21일, 6쪽).

이러한 측면에서 미국의 경찰은 시민사회를 보호하는 역할이 아닌 탄압의 역할을 한다 할 수 있다. 그러나 이러한 만행을 시민사회 차원에서 견제할 공동체가 없기 때문에, 경찰의 과잉대응 문제가 불거지면, 인상 한번 구기는 것으로 그치지, 장기적으로 공론화하여 이 문제의 근본을 해결하려고 시도하지 않는다.

공동체가 공고하여 사회자본이 풍부하고, 따라서 시민사회가 강력하게 작동한다면, 경찰의 이러한 공권력 남용은 상상치도 못할 일일 것이다. 세계의 초강대국 미국은 세계의 도전 국가를 단숨에 제압할 막강한 군사력을 보유하고 있다. 하지만 미국의 내부인 북극곰 미국사회는 경찰의 무차별한 공권력을 견제하지 못하는 약한 존재인 것이다.

따라서 미국의 시민사회는 자신들의 인권이 점차 침해되고 있다는 것을 잊으면서 단지 시스템의 노예가 되어 살고 있다. 심지어 일부는 이미 막강한 공권력이 더욱 강화되는 것을 반기기도 한다. 앞서 조금 언급한 이민법 문제가 대표적 예이다. 미국 아리조나주에서는 2010년 4월 23일 불법이민 단속법(Arizona Senate Bill 1070. 줄여서 SB 1070)을 통과시켰다. 이 법은 이민을 담당하는 연방기관이 아닌 아리조나지역 경찰이 불법이민자 단속을 이유로, 불법이민자로 의심된다고 여겨지는 사람을 검문할 수 있도록 무소불위의 권한을 경찰에게 주는 내용을 담고 있다.

이 법은 지역 경찰이 여권 등 합법한 서류를 지참하지 않은 사람들을 현장에서 체포할 수 있는 권한을 준다. 최악의 경우 동네 인근의 햄버거 가게에서 햄버거 사먹으러 나왔다가 신분증을 휴대하지 않아 체포될 수도 있는 것이다. 더욱이 이 법은 인종차별적 검문의 가능성을 다분히 내포하고 있다. 미국 오바마 대통령도 이러한 점을 우려하였다. 그는 2010년 4월 이 법은 히스패닉계 미국인이 자신들의 자녀들에게 아이스크림을 사주러 갔다가 경찰에게 검문받는 웃지 못할 상황이 발생할 수 있다고 지적하기도 하였다(이코노미스트, 2010년 7월 21일, 25쪽).

우리나라에서 주민등록증이 없는 사람이 현장에서 체포된다는 것은 상상조차 힘든 일일 것이다. 그러나 상당수 미국인들은 그들을 구속하는 이 법을 열렬히 환영하고 있다. 전국적으로 51%의 미국인이 이 법을 지지했다. 더욱 놀라운 것은 현지 지역주민인 아리조나인들은 70%가 이 법을 지지하였다. 이 법과 관련 이코노미스트는 미국(특히 아리조나)이 경찰국가(Police state)가 되어가고 있다고 지적하기도 하였다(이코노미스트, 2010년 4월 24일, 28쪽).

사실 미국은 거리에 경찰 없이는 지탱될 수 없다는 의식이 팽배하다는 측면에서 이러한 주장도 터무니없는 것은 아닐 것이다. 심지어는 학생들이 공부하는 대학교에도 학교 소속 전문 경찰서가 있어서 평일이나 주말을 막론하고 항상 순찰하고 다닌다. 많은 미국인들은 경찰이 없으면 불안해한다. 따라서 경찰이 그들의 안전을 위해 하는 일이라면 많은 미국인들은 공권력에 의해 침해되고 있는 그들의 권리를 크게 의식하지 않고 있고 종종 당연시 생각한다. 이는 병들고 있는 시민사회의 단면이라 할 수 있다.

오히려 시민사회가 아닌 연방정부에서 아리조나 불법 이민단속법의 추진에 제동을 걸었다. 장기적으로 아리조나 주민들이 그들의 시민권리가 침해될 것이라는 것을 인식하지 못하는 사이, 오바마 행정부가 이 법의 위헌소지를 직접 지적하고 나선 것이다. 이러한 모습은 바로 민주주의의 다양성에서 얻는 혜택이라고 말하지 않을 수 없다. 즉 민주주의 상식의 범주를 넘어서는 행동을 방관하지 않는 자세는 민주주의 사회에 다양성이라는 힘이 존재하기 때문에 가능한 것이다. 오바마 행정부는 SB 1070이 연방정부의 권한인 이민법을 주정부에서 관장하는 것은 위헌이라는 논리 하에 전개되었지만, 인권침해의 소지가 이 논리의 뒤에 숨겨져 있는 중요한 동기였다.

강할대로 강해진 경찰 공권력을 넘어서 이 이민법을 통해서 더욱 힘을 갖게 될 경찰들 중에서도 몇몇은 이에 대한 반대의 목소리를 내기 시작했다. 피닉스시 경찰 총책임자는 이 법 집행의 한계를 근거로 반대를 제기했고 한 경찰관은 자신의 페이스북에 나치처럼 행동하기 싫다고 하면서 SB 1070을 반대하는 동영상을 올리기도 하였다. 아쉬운 점은 이러한 의식있는 움직임에도 불구하고 많은 미국인들은 불법 이민자를 막아야한다는 한 가지 생각만 가지고, 지역 사회 공동체를 크게 훼손시킬 수 있는 이 법에 그들의 운명을 맡기는 실수를 되풀이하고 있다. 이는 지각있는 시민단체의 부재로부터 비롯되며 이는 결국 사회 자본을 잃어버린 미국의 시민사회 때문이라 할 수 있다.

 아리조나 이민법은 또한 미국의 신나치즘이 고개를 들게 하는 어이없는 결과까지 초래하였다. 이 법에 대한 찬반이 극명하게 나뉘어진 가운데 미국의 신나치주의자들이 멕시코 국경을 지키겠다고 직접 나선 것이다. 미국의 신나치주의자들은 미국의 개인주의가 이기주의로 심하게 변질되고 있음을 보여주는 극명한 사례이다. 그들은 외부 사람을 무조건 혐오하고 그들의 울타리만을 소중히 여긴다. 마찬가지로 그들은 총으로 무장하고 아리조나와 멕시코 국경으로 가서 그들과 얼굴 색깔이 다른 사람을 색출하는 웃지 못 할 사태를 발생시킨 것이다.

 미국의 신나치주의자는 유럽적 문화와 유산을 지키는 것을 목표로 할 뿐만 아니라 무엇보다도 백인우월주의 사상으로 무장되어 있다. 1945년 무너진 나치즘이 21세기 미국에서 고개를 들게 하는 동력은 무엇일까? 미국 건국 초기의 개인주의가 21세기에 이기주의로 변질되었다는 점이 문제이고, 이 내막에는 미국의 공동체적 마인드의 붕괴라는 어두운 진실이 있는 것이다.

또한 이 법은 건강하지 못한 시민사회를 틈타, 정치적으로 이용되기도 하였다. 이코노미스트는 이 부분을 지적하였다(이코노미스트, 2010년 7월 21일, 25쪽). SB 1070이 아리조나 부루어 주지사에 의해 서명될 당시 미국 주지사 선거가 7개월을 앞두고 있는 상태였다. 당시 부루이 주지사는 낮은 지지율로 고전을 하고 있었는데, SB 1070은 그녀에게 날개를 달아주었다. 서명 직후 40%였던 주지사에 대한 지지율은 56%로 급상승 하였다. 공동체가 없는 시민사회 하에 이기주의화되어가고 있는 상황에서 이 법이 이기주의화된 사람들의 심리를 활용할 수 있는 기회를 제공한 것이다. 따라서 건강하지 못한 시민사회는 정치적으로도 쉽게 흔들릴 수 있는 것이다.

결국 SB 1070은 연방정부의 지각있는 사람들에 의해 제지당했다. 연방지방법원 수잔 볼튼 판사는 2010년 7월 28일 이 법의 심의에 대한 대법원의 결론이 있을 때까지 이 법의 가장 핵심적인 부분의 시행을 중지시켰다. 그 이유는 불법 체류자를 막기 위해 합법적인 체류자까지 부담을 안겨줄 수는 없다는 것이며 이 법의 시행을 묵과할 경우 미국 사회 전체가 손상을 입게 될 수 있다는 것이었다(이코노미스트, 2010년 7월 21일, 25쪽). 예를 들어 SB 1070의 Section 3는 합법 체류 신분증을 소지하지 않았을 때 이를 범죄로 간주한다고 규정하고, Section 6는 추방이 가능한 범죄를 저지른 것으로 의심되는 용의자에 대해 영장 없이 체포할 수 있다고 규정하고 있는데 이런 규정들의 시행을 중지시킨 것이다.

결국 SB 1070이 시행은 되지만 이 법은 이빨 빠진 호랑이가 된 것이다. 이 법의 시행 중지는 아직 미국 사회가 의식이 남아있다는 것을 보여준다. 하지만 미국 전체에 만연된 공동체 중심주의가 아닌 개인 이기주의는 쉽게 해소될 것으로 기대되지는 않는다. 이 법의 시행중지 결정에도 불구하고 다른 20여개 주에서 이 법과 유사한 법을 제정하기 위한 움직임이 시작되었기 때문이다. 따라서 이 부재에 가까운 시민사회의 모습은 단지 아리조나만의 문제가 아니고 미국 사회 전체의 문제인 것이다. 따라서 이러한 문제는 보다 거시적이고 포괄적인 문제로 접근할 필요가 있다. 다시 말해 이는 북극곰 미국사회로부터 기인한 문제의 일환으로 해석되어질 필요가 있는 것이다.

제4절 흔들리는 초강대국 미국 : 사회자본 추락의 내부적 여파들

1. 이기주의의 확산

사회자본의 붕괴는 개인주의가 이기주의로 변질되는 현상을 더욱 쉽게 부채질 할 수 있다. 이러한 과정은 이미 상당부분 진행되고 있다. 변질된 이기주의는 미국 개인주의가 이룩한 개인의 자유와 권리 획득이라는 소중한 업적을 무색하게 만들 수 있다. 개인주의와 이기주의를 구분할 수 없는 상황까지 도달하고 있다면, 그것은 더 이상 개인주의로 포장할 수도 없다는 뜻이다.

앞서 언급한 애리조나주 이민법에 대한 미국인의 지지는 바로 이 이기주의에서 비롯된다. 이 이민법의 탄생배경은 불법 멕시코인들의 침투를 막아 애리조나주 이익침해를 막자는 취지에 있다. 멕시코인들이 그들의 경제적 어려움을 극복하기 위해 이곳에 오는 것을 미국인들이 걱정해야 될 부분이 아니라는 이기적인 사고에서 비롯된 것이다. 그리고 이권 챙기기 위한 그들의 주장을 강화하기 위해 멕시코인들이 지역사회에 기여하는 경제적 혜택은 도외시하고, 마약거래와 각종 범죄에 가담하는 멕시코인들의 위험성만을 경고하고 부각시키는데 급급하다.

멕시코인들은 미국 전역에서 미국인들이 다소 기피하는 노동

임무를 저 임금으로 하고 있다. 청소, 공사 등의 일은 멕시코인들이 도맡아 하고 있는 실정이다. 이러한 일들은 누군가는 해야 하는 일이고 이러한 일없이 경제가 제대로 돌아갈 수 없다. 멕시코인들은 번 돈을 본국으로 송금하기도 하지만 지역사회에 재투자도 하고 상거래도 한다. 이제 멕시코인들은 경제활동의 일원이 되고 지역사회의 경제발전에 공헌을 하고 있는 것이다.

그럼에도 불구하고 그들을 쫓아내지 못해 안달하는 일부 미국인들은 이기주의의 발로라고 밖에 말할 수 없다. 지역뉴스에서 애리조나주 이민법을 찬성하는 한 미국인은 "나에게 소중한 것은 미국의 애리조나를 지키는 것이지 멕시코인을 지키는 것이 아니다"라고 하기도 하였다.

미국인의 이민자에 대한 홀대는 미국의 탄생기원을 생각하면 이해하기 힘든 부분이다. 미국에 사는 모든 사람은 인디언을 제외하면 모두가 이민자들이다. 단지 차이가 있다면 얼마나 먼저 이민을 왔는지의 차이이다. 미국은 영국, 독일, 프랑스와 같은 유럽인들을 시작으로 하여 아시아인들까지 가세하며 이민으로 만들어진 국가이다. 그러한 미국인들에게 이민자에 더욱 관대할 것을 요구하는 것은 기대할 만한 일이고 아니 요청하기 전에 그들이 먼저 포용으로 대해 주는 것이 자연스러운 일일 것이다. 그들이 이민자들에게 관대하지 못한 것은 먼저 이민온 사람들의 기득권 의식에서 비롯한, 다시 말해 이기성의 발로인 것이다.

이러한 이기성의 발현은 비단 이민자에 대한 불쾌감 수준에서 그치는 것이 아니다. 같은 미국 시민권을 가진 자신의 시민끼리도 거리낌 없이 그들의 이기심을 드러낸다. 대표적인 예가 미국의 의료보험제도이다. 세계의 많은 국가 국민들이 당연시 여기는 의료보험 혜택을 미국에서는 3천 만 명이나 되는 사람들이 받지 못하고 있다. 의료보험이 있어도 진료비가 비싼 곳이 미국이다. 의사 얼굴 한 번 보는데 100불을 지불해야 하고 그것도 예약 없이는 병원 진료도 할 수 없다. 의료보험이 있는 미국의 할아버지는 치과치료 갔다가 수만 불을 내라는 소리를 듣고 놀라서 돌아왔다고 말한 적이 있다. 한마디로 병원 접근성으로나 비용으로나 미국은 의료 후진국이다.

많은 미국인들은 성숙한 민주국가와 부유한 경제 강국에 걸맞지 않는 의료수준을 가지지 못하고 있다는 것을 공감한다. 그러나 이를 과감히 고치지 못하는 것이 미국의 실정이었다. 이러한 난관은 이를 고치려면 세금을 더 내야한다는 두려움, 더 나아가 돈이 조금 더 있는 사람들이 자신의 세금을 내어 돈이 없어 의료보험을 받지 못하는 다른 사람을 돕는 것에 반대한다는 이기주의에서 비롯된다.

지난 미국 행정부의 수차례 시도에도 불구하고 의료개혁은 실패로 돌아갔다. 따라서 오바마 행정부가 강력히 의료개혁을 추진했을 때 실제적인 성과를 기대하는 사람들은 많지 않았다. 오바마 대통령은 2010년 3월 23일 일명 오바마케어(Obamacare)에 서명함으로써 미국도 국민의료보험시대가 열리게 될 전망이다. 문제는 이는 더욱 더 많은 쟁점을 만들어 사회 분열로 진행되는 양상이라는 것이다.

여전히 공화당은 이 법안을 무력화시키기 위한 노력을 하고 있고 이 법안에 반대를 하는 미국인들은 "Tea Party"와 같은 공동행동을 통해 그들의 목소리를 내고 있다. 더욱이 안타까운 현실은 이 법안에 반대하는 많은 미국인들이 의료보험 걱정이 없는 사람들이라는 점과 그들의 이익을 보호하기 위해 국민의료보험 정책은 사회주의 국가 모습의 단면이라는 식의 무지하고 독단적인 논리를 전개한다는 점이다.

우리나라도 일찌감치 국민의료보험을 정착시킨 나라이다. 그렇다면 우리나라도 사회주의 모습을 담고 있다는 말인가? 그 정 반대이다. 우리나라는 아시아의 호랑이로 불리우며 힘찬 경제성장과 더불어 성숙한 민주주의까지 이루어진 세계의 민주적 모델국가이다. 그렇다면 이에 반대하는 일부 미국인들은 정말 사회주의와 사회복지정책도 구분하지 못할 정도로 무지한 것일까? 이는 무지라기 보다는 이익을 지키기 위한 그들의 이기심으로 해석하는 것이 옳은 일일 것이다.

 미국의 이기주의적 이익추구의 모습은 어처구니없는 소송사례에서도 찾아볼 수가 있다. 일부 극단적인 이기주의자들은 억지 소송을 만들어 자신의 재산축적의 기회로 삼곤 한다. 1995년 뉴멕시코 주에서는 어느 할머니가 맥도널드에서 산 커피를 쏟아 화상을 입은 일이 발생하였다. 이에 할머니는 소송을 했고, 결국 맥도널드사로부터 286만 달러를 받게 되었다. 맥도널드 음식점의 책임은 "커피물이 너무 뜨거우니 조심하라"는 글귀를 넣지 않았다는 것이다. 이 소송사건 이후로 커피 판매 업체들은 "뜨거우니 조심하라"는 경고를 속속들이 기재하기 시작했다(다음 그림 1 참조). 이것은 영화가 아니고 사실이라는 것을 한국문화에 익숙한 사람들은 믿기 어려울 것이다. 하지만 이

그림 1. 미국 한 편의점에서 판매하는 커피 컵에 기재된 경고 문구.

는 단순한 하나의 사례가 아니고, 미국은 현재 사회 전반적으로 소송에 대한 두려움에 시달리고 있다.

물이 뜨거웠다는 것 때문에 할머니가 화상을 입었다는 심리적 죄송함을 가지고 일정의 병원비를 도와주려는 배려가 있을지 몰라도 이에 대한 민사상의 책임을 물어 우리나라 돈 30억 가량을 지불해야한 것은 코미디에 가깝다. 이러한 소송은 문제없다는 이기주의적 사회 통념 없이는 불가능할 것이다. 그나마 이러한 소송은 돈이 있는 대기업에 하는 소송이라 소송하는 사람도 도의적 소송 부담감을 덜 가질 수도 있다.

하지만 일부 미국인들은 영세업체에 대해 억지 소송을 하는 것도 꺼리지 않는다. 즉 가진 자의 이기적 횡포가 더 심한 경우가 있다. 2005년 워싱턴 디씨의 행정법원 판사인 로이 피어슨은 워싱턴 디씨 근교에 있는 한인 세탁소에 바지 기장을 늘려달라고 맡겼다. 피어슨은 바지를 돌려받은 후 자신의 바지가 아니라고 하며 소송을 제기했다. 처음에 세탁소 주인은 3000달러(한화 350만원)를 즉각 배상하겠다고 했으나 이를 거절했고 6,500만 달러(한화 700억 원)를 배상하라는 터무니없는 소송을 제기했다. 정상적인 시민의식이 작동되는 사회라면 이러한 소송은 제기조차 되기 힘들었을 것이며 제기되었더라도 시민사회는 더 이상의 소송절차를 진행되지 못하도록 강력히 견제하는 역할을 하였을 것이다.

　미국 내의 한국사회는 강력히 항의했지만, 미국의 건강하지 못한 시민사회는 이를 억제할 힘이 부족하였고, 1차에 패소한 피어슨이 2차 소송을 하게 되는 어처구니없는 결과로 이어지게 되었다. 시민사회가 없는 미국은 더 이상 기회의 땅이 될 수 없음을 보여주는 사건이라 할 수밖에 없다.

　이러한 사회분위기하에 미국사회는 전반적으로 소송 노이로제(Sue Phobia)에 시달리고 있다. 제약회사의 제품광고는 약 효능을 조금만 설명하고, 나머지는 소송에 휘말리지 않도록 각종 경고로 도배를 한다. 심지어는 학교의 교수들도 학생들이 제기할지도 모르는 소송에 대해 걱정을 한다. 의사의 진료비는 소송에 대비해 가격이 책정되므로 천정부지로 비싸다. 동네의 작은 호수에 있는 작은 패달 보트(Pedal Boat)를 타기 위해 문제 발생시 대여회사를 소송하지 않겠다는 약정서 등을 작성하는데 20불 가량 소모하기도 한다. 소송 노이로제는 북극곰 사회의 슬픈 한 단면인 것이다.

2. 시스템의 노예화

　일부 사람들은 미국은 시스템이 일하는 구조이고 한국은 사람이 일하는 구조라고 하면서 미국을 부러워하기도 한다. 한 기업이 조직을 시스템화시켜 관리하지 않고, 순간순간 사람에 의지하면서 그 사람이 중요한 일로 자리를 비웠을 때는 업무가 제대로 돌아가지 않는 구조는 분명 선진구조일 리가 없다.

한국이 미국 보다는 덜 시스템적인 것도 사실이다. 하지만 시스템이 일하는 구조가 만병통치약일까? 정반대일 수도 있다. 사람의 소중함은 도외시되고, 사람들은 시스템이 지속적으로 기능할 수 있게 하는 도구, 심지어는 노예로 전락할 수가 있다. 예를 들어 한 회사나 학교에서 세미나 혹은 미팅이 있다고 하자. 지나치게 시스템화 되어있는 환경에서는 사람들은 시스템이 요구하기 때문에 지정된 시간에 지정된 장소에 나타나는 것이지 시스템의 주인으로서 그 자리에 오는 것이 아니다. 따라서 몇 명 되지 않는 세미나 등에서 한 사람이 오지 않았다면 명단만 체크하고 넘어가지 그 사람의 안부 등을 걱정하는 모습은 보기 힘들다. 사람들은 단지 시스템의 부속품이기에 그 사람이 안 온 자리는 다른 부속품에 의해 대체가 가능하기 때문이다. 사회 자본이 없는 상황에서 이러한 시스템은 더욱 활개를 치고 점점 더 구조화되어간다.

하지만 사람이 일하는 사회는 공동체적 유대감이 있는 사회가 바람직하다. 함께 있어야할 자리에 동료 혹은 친구가 없으면, 그를 대신할 다른 사람도 찾지만 그 사람이 왜 그 자리에 오지 않았는지 걱정도 하는 것은 사회적 동물로서 해야 하는 너무도 자연스러운 반응이다. 그는 부속품이 아니라 그들의 공동체 일원이기 때문이다. 다시 말해 사람이 시스템의 주인이다. 그들은 주인이기 때문에 시스템이 잘못되면 이를 바꿀 의지도 있고 그렇게 할 능력도 있다. 그들은 시스템은 결국 사람의 행복을 위한 것이지 시스템의 행복을 위하여 사람이 존재하지 않는다는 것을 알기 때문이다.

 반대로 시스템에 의지하는 구조는 시스템의 비정상적인 기능을 개선하는 의지와 능력 모두를 없앤다. 사실 많은 미국 사람들은 사람의 말보다 시스템의 지시를 더욱 신뢰한다. 미국 한 버스에서 1년 동안 사용하는 정기이용권이 제대로 작동되지 않는 경우가 있었다. 이런 적이 한 번도 없었고 이 카드의 뒷면에도 유효기간이 정확히 적혀있었다. 그래서 운전기사에게 이 버스카드는 아직 유효기간도 많이 남았고 지금까지 전혀 문제없이 사용한 것이라고 말했다.

 하지만 이러한 말에는 관심을 갖지 않고 버스카드에 적혀있는 유효기간도 무조건 믿을 것도 아니라며 계속 다시 버스의 승차료 지불시스템에 다시 통과시도를 하라고 요구하였다. 시스템에는 계속 에러 메시지가 떴고 결국 시간이 오래 지체되다 보니 운전기사는 "이번엔 일단 태워주는데, 다음에 이런 일이 또 생기면 태워줄 수 없다"고 이야기하였다. 일단 알았다고 대답을 하고 그 기사의 지나친 시스템 의존화를 안쓰러워하면서 내 카드가 문제가 있는지도 체크해 볼 테니, 이 시스템도 한번 점검해 볼 것을 권고하였다. 그러나 그 운전자는 이 시스템은 절대 잘못될 리가 없다고 너무도 강력히 주장하였다. 그 다음날 아침 다른 버스에서는 전혀 이상 없이 작동하였고 미국인들이 시스템의 노예가 되어가고 있다고 깨닫는 계기가 되었다.

시스템 위주의 사회는 이처럼 사람을 주인이 아닌 노예가 되게 만드는 경향도 있지만 혹 노예수준은 아니라 할지라도 사회에 사는 사람들을 너무도 불편하게 만든다. 미국에는 모든 것이 시스템화되어있다. 은행 서비스를 받기 위해 전화하면 무조건 기계와 대화해야한다. 은행직원과 이야기하기 위해 기계와 20~30분 대화를 하는 과정을 꼭 거쳐야한다. 이 과정에서 지쳐 포기하고 전화를 끊고 다른 방법을 찾는 경우도 많다. 카드회사, 케이블 TV 회사 등도 다 마찬가지이다.

더욱 더 이상한 점은 이렇게 시스템을 내세우는 사회가 21세기 세계흐름에 맞지 않고, 그 기능수행은 너무도 느리다는 것이다. 힘들게 인터넷과 TV 회사 직원과 연결되어 설치 요청을 하면 일주일 후 아침 8시에서 오후 6시 사이에 방문해서 설치하겠다는 대답을 한다. 인터넷 설치서비스를 받기 위해 일주일이나 그것도 일주일 후의 해당되는 일에 다른 일을 하지 못하고 집에서 하루 종일 기다려야 하는 것이다.

이러한 문제가 발생하는 것은 미국이 인간 위주가 아닌 시스템 위주의 사회이기 때문에 나타나는 현상이다. 사실 이러한 서비스 불편은 한국과 비교하면 아주 다양한 분야에서 그 수준이 너무도 차이가 많다. 몇 명 되지 않는 고객이 있는 은행에 가서 은행직원을 만나 통장 개설을 위해 1시간 이상을 기다리는 것이 허다하고, 자동차 면허 발급 사무소나 주민등록번호 발급소에 가보면 난민 수용소를 방불케 할 정도로 어마어마한 사람들이 번호표를 받고 서비스를 받기 위해 오랜시간동안 기다린다.

마찬가지 이유로 시스템 위주의 사회는 다소 빠른 처리와 해결이 필요한 사안이 있더라도 시스템이 작동하는 데에만 의존함으로써 사람들이 더욱 대화와 방안을 강구하여 빠른 해결을 하려는 의지를 약화시킨다. 당장 급한 서류 한 장 발급을 받거나 빠른 치료를 요구하는 환자도 시스템적으로 예약을 해야 하고 시스템이 해결해 줄 때까지 기다리는 엄청난 불편함을 무조건 감내해야한다. 사람들의 급한 사정은 뒷전이게 마련이다.

이러한 측면에서 시스템 위주의 사회는 시스템을 지속가능하게 하는 데는 좋을지 몰라도, 그 기능수행의 속도는 대단히 느리고 기능 수행이 사람을 위해 고안되어있지도 않다. 이러한 측면에서 지나친 시스템 의존화는 사람들이 그들 자신들을 위해 사는지 아니면 시스템을 위해 사는지를 혼동하게 함으로써 사회인들의 공동체적 유대감과 정상적 활동기능을 오히려 퇴화시킨다. 따라서 쉽지는 않겠지만, 사람의 기능과 시스템의 기능이 밸런스를 이루는 문화적 환경이 중요하다. 그리고 이러한 기능을 갖고 있는 사회는 21세기형 펭귄사회라고 할 수 있다.

3. 시민 건강의 악화와 사회적 문제화된 비만

미국은 심각한 비만문제로 국민들의 육체적 건강이 위험기로에 있다는 것은 잘 알려진 사실이다. 2006~2008년 OECD 국가를 대상으로 한 비만 정도 조사에서 미국은 최악의 비만국가로 지목되기도 하였다. 동 조사에서 우리나라는 최저의 비만률을 나타냈다.

미국 사회는 무엇이 문제이기에 이 정도로 심각한 비만률을 나타내는 것일까? 우선 북극곰 사회는 어울릴 동료와 이웃이 없기 때문에 심심하고 외롭다. 따라서 배고프지 않아도 그 무료함을 달래기 위해 음식을 찾는다. 친구보다 음식을 찾기가 훨씬 더 쉽기 때문이다. 마찬가지 이유로 필요한 양 이상으로 음식을 섭취한다. 북극곰사회의 미국인들은 과식을 하는 것이다. 미국의 데이빗 케슬러 박사는 미국인의 과식 위험성을 날카롭게 지적하는 책을 출판하기도 했다(The end of Overeating : Taking Control of the Insatiable American Appetite).

또한 미국의 비만은 햄버거, 핫도그, 콜라와 같은 인스턴트 식품들이 주범이지만 미국의 상업주의 만연화도 비만률 증가를 부채질 한다. 미국은 음식 문화도 건강이 아닌 상업화되어있다. 즉 음식 상업주의이다. 미국 굴지의 인스턴트 식품 기업들은 막대한 돈을 들여 자사의 정크푸드(Junk food)를 선전하고 미국인들의 심리를 이용해 비 건강식품 섭취를 조장한다. 이러한 음식 상업주의의 성공으로 미국 맥도널드 햄버거 레스토랑은 Kids meal 아이템을 통해 아이들에게 장난감을 주는 곳으로 인식되어 있지 몸에 안 좋은 음식을 파는 곳으로 인식되어 있지 않다.

맥도널드 햄버거는 세계 어느 곳에서도 사먹을 수 있는데 왜 미국만 문제되는가라고 생각할지도 모른다. 그러나 미국의 맥도널드는 미국이라는 우물 밖의 맥도널드하고는 그 품질이 전혀 다르다. 예를 들어 일본의 맥도널드 햄버거는 크기부터도 더 작고 더욱이 일본이 의식하는 건강식 문제에 맞추어 제품이 개발되어 있다. 건강식은 아니지만 정크푸드도 아닌 것이다. 우리나라에서 사먹는 맛좋은 맥도널드 햄버거를 미국에서는 사 먹을 수 없다. 한국의 맥도널드 햄버거도 우리의 환경에 맞추어 변형된 것이기 때문에 미국의 맥도널드 햄버거와는 비교할 수 없을 정도로 품질이 좋다.

　더불어 운동부족도 심각한 비만률의 중요한 원인이다. 운동부족 현상은 펭귄사회 보다 북극곰 사회에서 더 심할 것이라는 직관은 쉽게 할 수 있다. 사실 혼자 할 수 있는 운동은 많지가 않다. 조깅, 인라인 스케이트, 걷기, 등산 등은 혼자 할 수 있는 운동이지만 인간세계의 무수히 많은 운동은 사람들과 어울리며 해야 한다. 테니스, 볼링, 태권도 등은 파트너를 필요로 한다. 야구, 축구, 배구 등은 팀 스포츠이다. 사실 혼자 할 수 있는 운동도 다른 사람들과 함께 하면 더욱 재미있고 더욱 자주 하게 마련이다. 그것이 바로 우리나라에 혼자 할 수 있는 운동인 마라톤이 수많은 동호회를 중심으로 함께하는 운동으로 한국 전역으로 확대되고 있는 이유이다.

　우리나라와 달리 미국은 자발적인 운동모임은 그리 많지가 않고 그나마 있던 운동 동호회도 사라지고 있는 실정이다. 5명 정도가 모여서 인라인 스케이트를 타던 한 미국인은 10년 전에는 동호회인이 30명 이상은 되었는데 이제는 사람들이 거의 없다고 아쉬움을 토로하며 한국의 왕성한 인라인 동호회를 부러워하며 이와 같은 활성화된 동호회에 참여해보고 싶다는 이야기를 한 적이 있다.

　한마디로 미국 사람들은 혼자 운동한다. 미국의 정치학자 로버트 퍼트남(Robert D. Putnam)은 이와 같은 미국의 외톨이 현상을 'Bowling Alone(혼자 볼링하기)' 이라는 책에서 날카롭게 비판하고 있다. 볼링은 클럽 위주로 진행하던 함께하는 스포츠였지만 시민자본의 몰락으로 점점 더 혼자 하는 운동으로 변해 가고 있다는 것이다(퍼트남, 2000년).

다른 사람들과 함께 하던 운동이 시민공동체의 몰락으로 다른 사람들과 함께 할 수 없게 되자 볼링을 계속하고 싶은 개인은 처음에는 혼자서라도 볼링을 치기 위해 볼링장을 찾을 것이다. 하지만 시간이 지남에 따라 혼자 하는 볼링은 재미가 없음을 알게 되고 운동은 그들의 삶의 자리에서 점점 멀어질 것이다. 이것은 단지 볼링만의 문제도 아니고 단순한 직관도 아니다. 이러한 과정은 미국 전역의 운동부족 현상이라는 시스템적 문제로까지 확대되고 있는 것이다. 이러한 운동부족은 결국 비만문제로 이어진다.

미국의 비만률은 사회 전반에서 이미 매우 심각한 문제가 되었고, 더욱이 빈곤층의 비만문제는 더욱 심각하다. 하지만 미국 아이들의 심각한 비만률은 미국 안보에도 악영향을 미친다. 예비역 군인들이 중심이 된 "Mission: Readiness(Military leaders for kids)"라는 보고서에 따르면, 17세에서 24세의 미국 젊은이들 중 9백 만 명이 심각한 비만률로 군대에 갈 수 없다고 경고

한다("Too Fat to Fight," 4쪽). 이 수치는 해당 나이 미국 청년 전체 인구의 27%가 되는 엄청난 수치이다. 따라서 동 보고서는 미국 의회에 미국 아이들의 비만을 줄이는 특단의 대책을 요구한다. 이 결론은 비만 문제는 사회의 생존문제를 넘어 국가의 생존과도 연결됨을 보여준다. 주지할 점은 이런 비만 문제의 내재적 근원은 미국의 북극곰 문화 환경이라는 것이다.

4. 개인 정신 건강의 악화와 범죄 1등 국가의 위치

사회자본의 추락으로 인한 육체적 건강의 약화가 문제지만 정신적 건강의 약화는 더욱 커다란 사회문제가 되고 있다. 우선 정신적 황폐화가 육체적 황폐화를 부축이는 경향이 있다. 외로워진 북극곰은 더욱더 먹는 것에 매달릴 수밖에 없다. 미국인들이 사람들의 자리를 애완동물로 채운 것과 비슷한 논리로, 그들은 사람들과 이야기하며 인생을 가꾸는 시간의 아쉬움을 먹는 것으로 보상받으려 한다. 그나마 먹을 것으로 자신의 정신적 황폐화와 스트레스를 보상받으려 하는 것은 정신적 황폐화의 진행이 그래도 덜 된 것으로 최악의 상태와는 거리가 멀다.

외톨이가 된 북극곰사회의 미국인들은 최악의 경우 심각한 정신질환을 앓고 이러한 건강하지 못한 정신적 상태는 각종 범죄를 낳는다. 대부분의 나라에 잔혹한 범죄는 있지만 미국은 잔혹한 범죄 분야에서 선두그룹 국가이다. "Serial Killers: America's Next Epidemic"이라는 리포트에 의하면, 미국은 세계인구의 5%에 불과하지만 전 세계의 잔혹한 연쇄살인의 76%가 미국에서 행해졌다고 경고한다. 동 보고서는 이제 미국의 전체 문제로 해석하고 이를 위한 범죄 프로파일링(psychological profiling) 방법의 활성화를 강조하고 있다.

미국에서 잔혹한 범죄가 한번 있을까 말까한 특이한 일이 아니고 흔한 일이라는 것은 미국의 방송사들이 얼마나 앞다투어 범죄관련 프로그램을 제작하고 있는지를 통해서 살펴볼 수 있다. 미국의 "Criminal Minds"는 극단적인 정신질환을 앓고 있는 환자들이 잔혹한 범죄를 자행하는 것을 다루는 대표적인 프로그램이다. 이처럼 경찰이 범인을 쫓고 범인은 총을 쏘고 하는 범죄를 다루는 프로그램은 미국에서 무수히 많다. 우리나라에서는 경찰관련 프로그램이라고 하면 대표적으로 수사반장이 떠오를 정도로 그다지 많지 않은데 미국 공중파 방송에는 범죄수사 프로그램을 뉴스보다 더욱 쉽게 시청할 수가 있다.

북극곰 사회는 미국의 정신건강을 해칠 뿐만 아니라 미국인들이 받는 스트레스도 풀어주는 환경을 제공해주지 못한다. 미국 심리학회에서 2007년 실시한 조사에 따르면, 미국인의 3분의 1이 정기적으로 과도한 스트레스를 받는 것으로 확인되었다(미국 심리학회, 2007년 10월 24일). 21세기 세계 사회는 경쟁적으로 살아간다. 따라서 스트레스 없는 사람들로 구성된 국가는 없을 것이다. 우리나라도 스트레스를 많이 받는 사람들이 많은 국가로 분류되기도 한다. 문제는 어떻게 해소하는가 이다. 스트레스를 받는 것이 어디나 마찬가지일지 몰라도 스트레스를 풀기 좋은 환경에 사는 사람들이 있는 반면, 스트레스를 풀 곳이 없어 그냥 간직하고 살거나 다른 위험한 행태로 변이될 수 있는 환경에 사는 사람들이 있다는 것이다.

　북극의 설원에 사는 북극곰은 혼자 살지만 외로움도 모르고 스트레스도 받지 않는다. 단지 굶주림을 참을 수 없어 열심히 먹이사냥을 다닐 뿐이다. 왜냐하면, 북극곰은 사냥감을 찾기 위해 본능적인 생각을 할지 몰라도 사고는 하지 않으며 따라서 기쁨과 슬픔이라는 감정도 없기 때문이다. 하지만 북극곰 사회에 사는 인간은 북극곰이 아니라 여전히 사고를 하는 인간이다. 사고하는 인간은 바로 그 사고하는 인지 의식 때문에 스트레스를 받는다.

　따라서 인간의 스트레스는 먹는 것으로나 단순한 놀이로 푸는 것은 단기 처방에 불과하다. 근원적인 처방은 다른 인간들과 사고의 상호작용, 즉 대화를 하는 것이다. 이러한 대화는 사람들의 유대관계, 즉 공동체가 강한 곳에서는 자연스럽고 혹은 당연한 것으로 인식될지 몰라도 미국 북극곰 사회에서 대화는 돈을 주고 해야 하는 극단적인 상황까지 펼쳐질 수 있는 것이다.

공동체가 없는 사회에서는 스트레스 받는 개인들은 친구, 동료, 이웃들과 산책하며 혹은 술 한잔 하며 풀 수 없다. 그들의 스트레스는 더욱 쌓여질 수밖에 없고 심하면 돈을 주고 병원을 찾아 그들 주변의 친구가 아닌 심리치료사와 이야기를 해야 한다. 그나마 돈이 없는 미국인들은 심리치료사와 상담하는 것도 쉬운 일이 아닐 것이다. 물질만능주의와 이기주의적 사회구조 속에 갈 길을 잃어버린 사회 복지자본 때문에 병원비가 어마어마하기 때문이다.

미국 공동체 자본 하락의 부산물 중 하나로 심각한 사회 문제가 되고 있는 개인 정신건강의 약화는 결국 많은 사회미숙아를 낳는 악순환으로 이어진다. 미국에는 사회에 적응하지 못해 마약에 손을 대거나 무차별 총기난사를 하는 젊은이들이 너무 많다. 2007년 4월 한국에서 이민온 후 오랫동안 미국에서 살아왔고 미국 버지니아 공대에 다녔던 조승희 학생은 총기를 난사해 학교에 있던 32명을 살해했다. 신문들은 앞 다투어 조승희 학생은 내성적이고 말이 없었다는 식의 개인적인 문제에만 초점을 두는 단순한 분석에 그치곤 하였다.

하지만 이러한 형태의 총기난사가 처음인가? 희생된 사람의 숫자는 적을지 모르지만 불특정 다수에 대한 총기난사는 미국에서는 어제 오늘의 일이 아니다. 2009년 4월 베트남계 이민자인 지버리 옹이 뉴욕 빙햄턴 이민자 서비스센터에서 무차별 총기를 난사하여 13명을 살해한 뒤 자살을 한 사건이 있었다. 그 살해범은 미국에 오랫동안 살았어도 변변히 진솔한 대화를 할 만한 친구도 없는 외톨이로 밝혀졌다.

이러한 현상은 단순히 개인의 성격만으로 치부할 수는 없는 사회적 현상인 것이다. 병들고 있는 사회, 친구 없는 북극곰, 대화를 건네지 않는 공동체는 이러한 극단적 행위자를 양산하거나 혹은 그들이 극단적인 행동을 하기 전에 이상행동을 조기에 감지해서 차단하는 역할을 해낼 수 없는 것이다.

북극곰 사회는 사회적으로 소외된 사람을 많이 만들어낸다. 미국의 빈부격차가 문제가 된 것은 이미 오래된 문제이다. 따라서 많은 미국인들은 경제적으로 소외되며 살아왔다. 하지만 북극곰 사회는 사람들을 경제적으로 뿐만 아니라 정신적으로 소외시킨다. 심지어 경제적으로는 소외되지 않은 사람들도 정신적으로는 소외되게 만들어버린다.

소외된 사람은 그들의 불만을 토로할 곳을 찾는다. 사회가 이러한 불만을 해소시켜주지 못한다면 소외가 폭력적으로 바뀔 수가 있다. 전문가들은 사회적으로 소외된 사람들이 테러와 같은 극단적인 행동에도 참여하는 동기가 된다고 분석한다. 실제로 미 육군 군의관 나이달 말리크 하산 소령은 텍사스주 포트 후드의 군병원에서 총기를 난사해 12명을 숨지게 하고 31명을 다치게 했다. 무슬림과 싸워야 하는 자신의 현실에 대한 자괴감도 문제였지만, 이 군의관의 말을 들어줄 공동체는 없었다. 공동체가 없었기에 정신적으로 소외된 사람의 폭력적 행동을 사전에 막지 못했던 것이다. 사실 그는 주변에 친구도 없이 우울하게 보내왔던 것으로 전해졌다.

총기사고 보다 북극곰 사회의 문제를 전반적으로 파악하게 해주는 것이 감옥에 있는 미국인들의 숫자일 것이다. 미국은 가장 많은 사람을 감옥에 가두는 나라이다. 이코노미스트에 따르면 2010년 현재 230만 명의 미국인이 감옥에 있다(이코노미스트, 2010년 7월 24일, 13쪽). 또한 사회적으로 소외된 사람들이 많은 젊은 흑인 남성 9명 중 1명은 감옥에 있다(이코노미스트, 2010년 7월 24일, 13쪽). 이 수치는 서구민주주의 국가에서 전례가 없는 어마어마한 규모이다. 이는 북극곰 사회가 개인의 자유를 구속하는 결과를 초래한다는 것을 단적으로 보여준다.

앞서 언급한 규정과 규범의 차이가 이러한 결과와 연관이 있다. 규정은 공식적인 구속력이 있어 사람을 처벌하는 데 목표를 두고 있지만, 규범은 사람을 공동체의 일원으로 만들기 위한 교육에 목표를 두고 있다. 규정에 의해 움직이는 사회는 규정을 어기는 사람을 더욱 많이 만들어낸다. 이코노미스트는 미국에는 법률이 너무 많아 많은 사람들을 구속하고 있으며, 처벌을 덜하면 범죄률도 떨어지는 다른 국가의 사례를 본받아야 한다고 지적하기도 했다(이코노미스트, 2010년 7월 24일, 13쪽).

규정에 의해 가동되는 사회는 범죄자를 더욱 많이 만들어 낼 수 있지만, 규범에 의해 움직이는 공동체는 가능한 한 많은 사람들이 처벌받지 않는다 하더라도 지켜야 하는 것은 스스로 지키게 함으로써 범죄자를 줄이는 간접적 효과를 기대할 수 있다. 지나친 규정과 법률 위주의 사회는 시민들을 규정과 법률의 노예가 되게 만들고 더욱이 규정과 법률이 가해자로 둔갑하게 만든다.

가해자로 둔갑시키지 않는 경우에는 경범죄자가 중범죄자 이상의 처벌을 받게 하기도 한다. 미국 로스앤젤레스에는 삼진아웃제가 있다. 이 법에 따라 세 번 이상 범죄를 저지르면 무기징역 이상의 가혹한 처벌을 가한다. 이코노미스트지는 이법의 폐해를 지적하기도 하였다. 미국 로스앤젤레스의 래리 사우스(Larry South)는 가정용품 마트에서 29달러짜리 배관 도구를 훔친 죄로 무기 징역을 선고받았다. 그는 12년간을 감옥에서 보내다가 이 규정의 폐해를 지적한 한 검사의 노력에 의해 결국 석방되었다(이코노미스트, 2010년 7월 31일, 24쪽). 이처럼 성숙한 민주주의 국가라는 미국에서 쉽게 볼 수 있다는 점은 아이러니가 아닐 수 없다.

규범을 어기지 않는 사람은 규정도 어기지 않지만, 규정을 쉽게 어기는 사람은 규범은 더욱 쉽게 여긴다. 따라서 공식적 구속력이 없는 규범을 서로 인식하는 사회에서는 규정을 어기는 사람도 훨씬 줄여줄 것이고 이는 사회범죄를 줄여주는 결과로 이어질 것이다. 규범이라는 것은 공동체적 마인드 없이는 존재가치가 없다는 점에서 북극곰 사회에서는 규범이 제대로 기능하지 않는다는 것은 두말할 나위가 없을 것이다.

5. 비사회적 개인의 양산

현재 미국 북극곰 사회에 극단적인 사회 미숙아는 많지 않을지 몰라도, 사회성을 잃어버린 사람은 이미 너무도 많다. 사회적 인간은 사람들과 만나서 대화를 하고 이러한 대화의 시작은 사람들 간의 인사이다. 많은 수의 미국인들은 인사에 인색한 것이 아니라 인사가 사회적 동물로서의 가장 기본적인 요소라는 것을 의식조차하지 못하는 경우가 많다.

잠시 미국에 관광 혹은 업무 차 들렸거나 한국에서 미국인을 본 사람들의 경우 이러한 주장에 의구심을 가질런지 모른다. 미국인들은 모르는 사람에게도 "Hi" 혹은 "Hello"라는 말을 잘

하기 때문이다. 이 말은 사실이다. 공원에서 조깅을 하든지 거리를 거닐다보면 부담스러울 정도로 모르는 사람인데 반갑게 인사하는 경우를 종종 발견한다. 어쨌거나 인사하는 미국 사람들의 모습은 보기 좋다. 그들은 북극곰들로 보이지 않는다.

하지만 아이러니하게도 자주 보거나 아는 사람끼리는 대화의 시작인 인사를 서로 잘 하지 않는 경우를 무척이나 자주 발견한다. 길을 가다가 마주치는 사람에게 방긋 웃는 듯한 표정을 하고 간단한 인사말을 건네는 것은 그들의 개인주의와 연결된 자기 보호 본능이지 공동체적 유대감의 일환으로 나오는 인사가 아닌 것이다. 처음에 20명 가까운 인원이 함께 사용하는 연구실에서 사람들이 아침에 연구실에 들어오거나 저녁에 떠날 때 서로 인사를 하지 않는 사람들이 인사를 하는 사람들보다 훨씬 많았다. 처음에는 이를 너무 이상하게 여겨 한 사람 한 사람 찾아다니며 인사를 해본 적도 있었다.

그러나 이러한 현상은 한 연구실만의 모습이 아니라는 것을 점차 알게 되었다. 일주일에 한 번씩 만나는 세미나 수업에서 한 명씩 교실에 도착하는 몇몇 되지 않는 학생들은 서로서로 인사를 나누지 않고 있었다. 그러나 사람들은 교실에서 교수를 기다리기 위한 적막한 시간이 흐르면, 한 학생이 인사를 대신해 미식축구 이야기를 함으로써 소위 ice breaker 역할을 하곤 했다.

근본적인 문제점은 인사와 같은 사회적 동물로서의 가장 기본적인 것들을 하지 않아도 하나도 마음의 거리낌을 받지 않는 의식이다. 이러한 의식은 우리의 기준으로 보면 분명 사회적 병자의 행태로밖에 해석될 수밖에 없기 때문이다. 더욱더 안타까운 현실은 공동체사회에서 북극곰이 아닌 사회적 동물에 익숙해서 인사라는 행동규범을 따르던 학생들이 지치고 지쳐 자기 자신도 모르게 그들의 문화에 동화되어 북극곰 미국인들처럼 인사를 하지 않으며 대화의 진솔함도 기대하지 않는 모습으로 바뀌어간다는 것이었다.

이러한 인사결핍 현상은 대학교 뿐만 아니라 어린이들이 다니는 초등학교도 마찬가지이다. 북극곰 사회의 물이 덜든 초등학생들은 다르지 않을까 하는 생각에서 "초등학생에게 너희들이 학교에 가면 먼저 와있는 학생에게 인사를 하든지 혹은 먼저 온 학생이 인사를 건네는가" 물어보았다.

하지만 작은 기대는 단지 기대일 뿐이었다. 그들은 아침에 본 아이들끼리 인사를 하지 않고 벽이나 다른 곳을 보면서 대충 지나가는 경우가 많다는 것이다. "왜 인사를 하지 않느냐"는 질문에 "친구들이 인사하지 않으니까"라는 대답을 하였다. 이러한 초등학교 문화에서 자란 학생들이 대학생이 되어 인사하는 사회적 동물이 될 것이라고 기대하는 것부터가 모순이라는 점을 깨닫게 되는 순간이었다.

사회적 동물로서 모습을 갖추는 최초의 교육 장소는 가정이다. 미국 가정에서는 사람들을 보고 인사하라는 교육에 서투르다. 미국 가정에 여러 번 방문했을 때마다 자주 보았던 그 집의 자녀들은 인사하는 것을 한 번도 본 적이 없고 먼저 다가가서 인사를 하면, 그때서야 작게 응답만 하는 수준이었다. 상황이 이런데도 미국 부모들은 손님에게 인사하지 않는 그들의 자녀에게 인사의 중요성을 가르치지 않는다. 다시 말해 사회성을 가르치지 않는 것이다. 그냥 부모들이 인사를 대신하고 만다. 미국의 학생들이 사람들을 보고 모른 척 하는듯한 태도의 근원적인 문제는 가정의 비사회성에서 비롯된다는 것을 알게 되는 대목이었다.

사실 인사 결핍증은 학교나 가정만의 문제는 아니고 조금 더 사회적인 사람들이 모이는 교회주관 행사 등에 가서도 비슷했다. 평소 잘 알던 사람들도 우연히 부딪히게 되면 인사를 주고 받고, 그렇지 않으면 한 달 혹은 몇 달 만에 본 사람도 안부 한 번 묻지 않고, 행사를 마치고 떠나는 경우가 다반사였다. 하지만 큰 차이 중의 하나는 연령이 조금 있는 사람들은 안부인사가 더 후하고 나이가 어린 사람들일수록 인사 결핍성에 더욱 시달리고 있다는 점이었다.

인사 관행은 사회적 동물에게 무척이나 중요하다. 5층 건물을 계단을 이용해서 올라가려면 1층을 지나치지 않고 2, 3, 4층을 거쳐 5층에 올라갈 수가 없다. 사람들 간의 상호작용의 시작은 바로 인사이고 5층 건물의 1층 계단에 해당된다고 할 수 있다. 인사조차 잘 하지 않는 사람들에게 더 이상의 기대를 할 수는 없다. 아무리 인격이 훌륭하고 좋은 사람이라 할지라도 인사 없이 그 사람과 사회적 동물로서 인간적인 대화를 나누기는 어렵다. 따라서 사회의 첫 단추로서 인사문화는 무척이나 중요하다. 이러한 인사 결핍증은 북극곰 문화가 만들어낸 작품이며 이 해로운 작품이 북극곰 사회를 고착화시켜 사람들을 더욱 고립되게 만들고 있다.

대인관계의 첫 단추인 인사결핍증이 이 정도이다 보니 그 다음단계인 식사를 함께 하러가자는 제안 등은 더욱 하길 어려워한다. 그들이 모여서 식사하고 대화하는 것을 싫어해서가 아니다. 북극곰 사회에 젖어 먼저 이야기 꺼내길 꺼려하는 것이다. 한 미국인은 식사 등 사교적 모임을 하는 것은 좋지만 자신이 먼저 뭐 하자고 제안하는 것(소위 initiation)은 싫어한다고 이야기 한 적이 있다. 얼마나 이기적인 사고인가? 덧붙여 이것은 자신만의 문제는 아니고 미국 전반적인 행태라고 지적하였다.

인사라는 첫 계단이 빈약한 사회에서는 그 다음 단계인 대인

관계 활동은 더욱 어려울 수밖에 없다. 인사 보다는 식사하자고 하는 것이 더욱 어렵고, 식사하자고 하는 것 보다, 운동을 같이 하자고 하는 것은 더욱 어려울 것이며, 서로 솔직하게 마음을 털어놓고 이야기하자는 분위기 조성은 말할 나위 없이 어려울 것이다. 이러한 악순환은 북극곰을 더욱 외톨이가 되게 하고 이러한 북극곰의 확산은 미국 전역에서 문화 아닌 문화로 시스템적인 위치를 잡고 있다는 것은 안타까운 일이 아닐 수 없다.

6. 펭귄 사회에서 온 사람들에게 주는 부정적 영향 : 북극곰 도미노

남극에 사는 많은 펭귄들은 북극곰들이 사는 북극으로 온다. 즉 공동체의식이 있는 곳에서 태어나고 자란 많은 외국인들은 다양한 이유로 미국에 온다. 일시적인 방문도 있고 장기적인 방문도 있으며 혹은 미국으로 귀화하기도 한다. 그들은 공동체에 사는 인간으로서의 모습을 따로 의식하지는 않는다. 너무도 당연시하며 살아왔기 때문이다. 따라서 미국도 공동체적 유대감이 있는 사회라고 여기고 정착하며 살아간다. 그래서 미국이라는 새로운 곳에 와서도 그들은 사회적 동물로서의 모습을 유지하려 한다.

시간이 지나면서 미국이 자신들이 살던 펭귄 사회하고는 무엇인가 다르다는 것을 느끼기 시작한다. 하지만 처음에 느끼는 불편함 또는 다소 이상함을 단지 문화적 차이로 여긴다. 그러면서 그들의 문화를 지켜간다. 그들은 사람을 보면 서로 인사하고 안부를 묻고 공동체 속에서 살아간다. 학교의 예를 들자면 출신 국가를 중심으로 다양한 모임이 이루어지고 있다. 인도 학생회, 중국 학생회, 한국 학생회 등 그들의 문화적 공동체를 유지하려 한다. 학교를 떠나 지역적으로도 마찬가지이다. 각 출신국가별 이민자 사회가 만들어져 있고 유대인들의 이민사회는 결속력도 강하다.

　미국에 도착 후 한동안 그들은 자신들의 사회적 인간으로서의 모습을 이와 같은 공동체 속에서 유지하며 살지만 많은 사람들은 시간이 지나면서 미국이 북극곰 사회라는 것을 인식하기 전에 그 사회에 동화돼버린다. 반면 일부는 미국의 북극곰 문화에 상당한 회의를 느끼며 이에 대한 문제를 지적한다. 왜 미국 사회는 이렇게 다를까 궁금해 하며 미국이 북극곰 사회인 줄을 파악한 이민자들도 어쩔 수 없이 미국의 예외주의적 북극곰 문화에 두 손을 들고 그냥 그들의 일부가 되어 외롭게 살아간다.

　시간이 지나면서 일부 이민자들은 미국 북극곰들처럼 서로 인사하지 않고 오랜만에 만난 사람끼리 안부도 묻지 않고 살아가도 마음의 거리낌 없이 행동하기 시작한다. 일부는 원조 북극곰

보다 더욱 더 극한의 비사회성을 보이기도 한다. 국제학생이 모이는 여러 모임을 갈 때마다 안타깝게 느끼던 현상이다. 몇 년 동안 특정 모임을 통해 얼굴을 알고 있는 사람들이 인사도 하지 않으며 특정 장소에 모인 후 자신의 볼일이 끝나면 인사 없이 그냥 돌아간다. 그들도 북극곰이 된 것이다.

다행히 일부 외국인은 동화되기 전 미국이 북극곰 사회라는 것을 발견하고 따라하지 않으려고 부단한 노력을 한다. 공동체 문화가 없는 메마른 환경이지만 그들 나름대로의 유대관계와 사회성을 유지하려 한다. 주말에 지역 공원에 가보면 미국인 공동체가 모여서 작은 파티를 하고 있는 것은 보기 힘들지만 북극곰이 되지 않으려는 외국인들은 그들만의 공동체를 만들기 위해 파티도 하고 아이들에게도 공동체 의식을 가르치는 모습을 종종 볼 수 있다. 특히 이러한 의식이 멕시코에서 온 이민자들에게 강하게 나타난다.

문화적 차이와 문화의 비대칭성은 구분되어야한다. 문화적 차이는 문화의 다양성을 인식하고 모든 문화는 무엇이 좋고 나쁜지 구별없이 모든 문화는 동일하다는 대칭성의식에 기반을 둔다. 하지만 펭귄 사회와 북극곰 사회는 문화의 차이가 아니라 문화의 심각한 비대칭성이라고 할 수 있다. 펭귄 사회는 공동체와 사회자본이 있고 북극곰 사회는 이 모두가 없는 사회이기 때문이다. 또한 전자는 사회적 동물인 인간의 문화이고 후자는 그렇지 않기 때문이다.

따라서 미국에 새로 와서 적응하는 과정에서 북극곰 사회를 단순한 문화적 차이로 인식하는 것은 자신도 모르는 사이 북극곰이 되어버리는 결과를 초래할 수도 있다. 이를 문화적 차이가 아닌 사회적 비대칭성으로 이해하는 사람만이 펭귄으로 남을 수 있다. 다시 말해 미국의 북극곰 문화를 정확히 인식하는 지혜와 식견이 필요하다. 그렇지 못하면 자신도 모르는 사이에 북극곰 문화라는 바이러스에 감염되고 만다. 개인을 떠나 국가수준에서 보면 이는 더욱 중요하다. 비대칭성에 대한 인식은 국가로 하여금 다른 국가를 체로 거르는 노력을 하지 않고 무조건 따라하려는 관성적 행동을 막아주는 자원이 되기 때문이다.

7. 정치 견제력의 약화

민주주의 국가(특히 대통령 중심제)는 3권 분립이라는 원칙하에 입법부, 사법부, 행정부의 견제와 균형의 기제로 작동된다. 이러한 기본 견제와 균형의 역할 외에 권력의 밖에서 보다 객관적이며 원숙하게 민주주의의 공고화에 기여하는 것이 시민사회이다. 구속력 있는 튼튼한 시민사회는 정치 견제력으로 훌륭한 임무를 수행한다. 건강한 시민사회는 국민의 정치참여도를 높이고 성숙한 민주주의에 기여한다. 반대로 병든 시민사회는 정치를 올바른 방향으로 이끌기 위한 견제역할을 하지 못한다.

미국 정치학자 퍼트남은 앞서 이야기한 *Bowling Alone*에서 이 문제를 지적하였다. 공동체 유대관계가 발달되어 있어서 사회자본이 높은 시민사회는 정치참여도가 높아 민주주의 성숙에도 기여하지만, 유대관계가 빈약한 시민사회는 그렇지 못하다는 것이다. 미국이 민주정치 모델이라는 것을 가정하면 미국 시민들의 정치 관심도는 무척이나 낮은 편이다.

우선 많은 사람들은 신문에 관심이 없고 신문의 정치기사는 더욱 관심을 갖지 않는다. 약 일 년 간 학교에서 미국에서 가장 신뢰성 있는 신문 중 하나인 New York Times를 무료로 배포해 준 적이 있다. 아침에 신문을 도서관과 같은 큰 건물 입구에 비치하여 원하는 사람은 가져다 보게 했다. 처음에 이 소식을 접하고 학교의 6만이 넘는 학생 수를 생각하면 많이 부족할 것이기에 아침 일찍부터 서둘러 신문을 챙겼다. 그러나 점심이 지나서도 많지도 않은 신문의 반도 가져가지 않는 일이 예사였다. 한때 수업시간에 신문이나 시사 주간지를 읽은 사람이 있는지 손들어 보라고 한 적이 있었는데, 손든 사람은 거의 없었다.

그들이 정치에 관심이 있었다면 수많은 국내 및 국제정치 기사들이 수록된 New York Times를 안 가져갔을리 없다. 마찬가지로 적절하게 기능하는 학생 공동체가 있었다면 이러한 신문을 읽지 않을리가 없다. 공동체는 사람들과 다양한 이슈에 대해 이야기하는 장을 마련해 준다. 이러한 공동체에 참여하기 위해서는 신문도 읽고 세상 돌아가는 소식도 알아야 한다. 학생 공동체의 부재는 학생들로 하여금 신문과 같은 세상과 접하는 중요한 소식지를 읽게 하는 인센티브를 최소화시키는 것이다.

그나마 있는 공동체는 시사적인 이야기보다는 미식축구나 야구에 대해서 이야기하며 시간을 보낸다. 이 말은 공동체의 다양성이 부족하다는 이야기이다. 사회 자본이 많아 학생들이 다양하고 유대적인 공동체를 형성하고 있으면 시사 공동체, 자선 공동체, 문화 공동체와 같은 다양한 공동체가 활성화되겠지만 미국은 그렇지가 못하다. 미국 학생들이 사회 활동을 하는 경우를 종종 볼 수 있는데 그 이유는 철저히 합리적인 이유와 관계가 있다. 그들의 사회 활동은 그들의 경력서에 중요한 한 줄로 포함되기 때문이다.

정치에 대한 관심과 지식이 부족하다 보니 일부 주동자의 현혹하는 한마디에 쉽게 따라가기도 한다. 따라서 미국의 전 국민 건강보험정책인 오바마케어를 일부 주동자가 무작정 사회주의 정책이라고 현혹하면 그 내막과 과정은 살펴보지 않고 그 주동자를 따라서 무조건 반대하는 경우도 흔치않다. 즉 신문을 보지 않고 돌아가는 상황을 스스로 판단하려는 노력이 부족한 사람들은 너무도 쉽게 일부 주동자에게 조종되어 자신의 판단없이 그냥 끌려가는 것이다.

더욱이 주민들의 정치 관심 부족은 선거 결과에도 큰 영향을 미친다. 그들이 정치에 대한 관심이 부족하다 보니 의원 선거 시 현역의원이 항상 유리한 위치에 있는 선거 구조를 가지고 있다. 따라서 수십 년 씩 의원을 하고 있는 사람이 수십 명에 이르고 50년 이상 의원을 하고 있는 사람도 있다.

장기 정치권력은 부패를 수반한다. 아무리 공고화된 민주정치라 하더라도 예외가 될 수는 없을 것이다. 공화당 출신으로 1968년부터 상원의원직을 수행한 테드 스티븐스는 결국 부패 혐의로 유죄판결을 받았다. 40년이나 알래스카에서 상원의원을 하다 보니 그의 영향력은 어마어마하게 막강했다. 알래스카에서 가장 많은 인구가 사는 도시인 앵커리지 국제공항은 테드 스티븐스 공항으로 이름지어졌을 정도다. 그의 부패사실이 폭로된 후에야 유권자들은 반응하였고 2008년 선거에서 낙선하여 스티븐스는 오랫동안의 의정생활을 접게 되었다.

물론 미국의 국내 정치구조는 전반적으로 아주 깨끗한 것이 사실이다. 중요한 점은 시민견제장치의 미 작동은 이러한 깨끗한 정치문화 속에서도 부패를 만드는 허점을 노출시킬 수가 있다는 점이다. 민주주의는 제도적인 장치만 되어있으면 자동적으로 기능하는 것이 아니다. 지속적인 견제와 균형이 필요하며 건강한 시민사회는 보다 더 객관적인 위치에서 견제와 균형 역할을 해 줄 수 있는 것이다. 이러한 측면에서 건강한 시민사회는 민주주의의 올바른 기능발휘에도 긍정적인 영향을 미친다고 할 수 있다.

시민사회가 강한 민주국가는 전쟁도 쉽게 하지 않는다고 민주평화론 학자들은 주장한다. 민주주의 국가는 그렇지 않은 국가보다 전쟁을 꺼린다는 것이다. 그 중 하나의 논리는 민주주의 국가의 대중이 행정부의 전쟁 수행의도를 지속적으로 제한하는 역할을 하기 때문에 자원을 전쟁수행 목적에 이용하는데 시간이 걸리고, 그 과정에서 정치지도자들은 평화적인 문제해결 방법을 찾는다는 것이다. 즉 민주주의 국가는 비민주주의 국가보다 대중비용(audience cost)이 훨씬 높다는 것이다.

이러한 논리는 미국이 이라크 전쟁을 결심하는 과정에서 전혀 가동되지 않았다. CIA의 이라크가 대량살상무기를 가지고 있다는 잘못된 정보 하에 미국은 아주 신속하게 커다란 제한 없이 가용한 자원을 이라크전쟁에 동원할 수 있었다. 민주평화론에서 주창하듯이 민주사회의 대중의 견제 논리가 작동했다면 미국이 이라크 전쟁결심과정을 이처럼 신속히 진행하지 못했을 것이고 심사숙고하는 시간 속에 CIA의 정보가 잘못된 것임을 알 수 있는 기회가 더욱 많았을 것이다.

민주 시민사회가 작동되지 못해 신속하게 시작한 이 전쟁은 9년이 넘는 지금도 미국은 이라크전이라는 터널에서 빠져나오지 못하고 있다. 부당한 전쟁이라는 악명 속에 미국의 소프트 파워는 서서히 추락했고 특히 아부그라이부 수감소와 관타나모 수용소에서의 고문사건은 미국의 소프트 파워에 치욕을 안기기도 하였다. 이와 같은 예에서 알 수 있듯이 시민사회는 단순한 사회의 역할을 넘어 국가의 방향에도 크게 영향을 끼치는 것이다. 그러므로 병들고 있는 북극곰 사회에 대한 우려는 쉽게 지나칠 일이 아닌 것이다.

제5절 흔들리는 초강대국 미국 : 사회자본 추락의 외부 여파들

앞서 언급한 것처럼 미국은 강력한 정치 영향력, 경제력, 문화강국의 위치 덕택에 세계의 모델국가로 인식되고 있다. 이러한 힘을 바탕으로 미국은 개인적 이기주의와 물질만능주 같은 사회적 해악마저도 너무도 미국 외부로 쉽게 수출하고 있다. 이러한 움직임이 적절히 차단되지 못한다면 북극곰 사회의 세계화로 이어질 수도 있다. 이렇게 된다면, 인간이 지금까지 이룩해온 사회적 문명이 너무도 다른 길을 걷게 될 것은 자명하다.

또한 미국 시민사회의 몰락은 장기적으로 탈냉전시대 초강대국으로서의 미국의 국제정치적 위치를 위협하는 내부의 적이 될 것이다. 저자는 석사논문의 일환으로 2004년 탈 냉전기 미국의 단극체제가 지속될 수 있을까에 대한 연구를 수행한 바 있다. 이를 판단하기 위해 사용한 두 가지 툴은 하드 파워와 소프트 파워였다. 국제정치의 현실주의학파가 주장하는 세력균형론은 중앙권위체가 없는 무정부적 국제정치에서 국가들은 권력과 이익을 최대화하기 위해 노력하며, 특히 강대국의 이러한 노력은 다른 국가가 이 국가의 노력을 견제하기 위해 또 다른 힘을 추구하여 결국 세력의 균형이 이루어진다는 이론이다. 결국 국제정치의 결과가 세력 균형이다.

하지만 세력 균형을 이루기 위한 균형행위는 국가의 상대적 힘(즉 하드 파워)이 가능할 때 나타난다. 2004년 연구 시 미국의 상대적 힘은 중국, 러시아, 일본 등 잠재 도전국가들에 비해 너무나 압도적이어서 장기적으로 국제정치의 결과가 세력 균형이 이루어질런지 몰라도 당분간은 미국 중심 단극체제가 유지될 것이라는 결론을 도출하였다.

또한 소프트 파워 측면에서도 한동안은 다른 국가들이 미국을 압도하기는 힘들 것이라는 결론도 제시하였다. 세계화의 가장 큰 수혜자로서 미국은 전 세계속에 그들의 문화를 강력하게 전파하고 있기 때문이다. 미국의 음악, 영화, 신문, 그리고 음식까지 미국의 문화는 유럽에서 아프리카까지 퍼져있다. 콜라는 이제 미국의 음료수가 아닌 전 세계인의 음료수이다.

더욱이 9·11 테러는 외부 국가들이 미국과 테러라는 공동의 위협인식을 바탕으로 다른 국가들의 도전 동기를 줄여줄 것이라는 결론도 도출하였다. 국제정치학자들이 주장하는 이론 중 하나인 위협균형론은 국가들은 다른 국가의 힘이 아닌 위협에 대항해서 균형을 이루기 위해 움직인다고 주장한다. 9·11 테러는 더 이상 테러가 국지적인 문제가 아니고 세계적인 위협이 되고 있다는 것을 보여준 사례였다. 9·11 테러로 인한 위협인식의 변화는 미국의 잠재 도전국가들로 하여금 미국에 대항하도록 세력을 결집하게 하는 것이 아니라 오히려 테러와의 공동대응을 위해 미국과의 공고한 협력을 추진하고 있음을 발견하였다.

따라서 하드 파워, 소프트 파워, 세력균형, 그리고 위협균형에 관계없이 미국 중심의 단극체제의 지속성을 낙관적으로 바라보았다. 부시행정부의 일방주의나 테러와의 전쟁으로 인한 미국의 피로도는 미국의 하드 파워와 특히 소프트 파워에 손상을 주었지만 국제정치시스템에 영향을 줄 정도의 변화는 없다는 결론이었다. 2010년 현재 최소한 외부의 힘 혹은 위협에 근거한 다른 국가의 도전 행태는 2004년 연구 당시와 크게 다르지 않을 것이다.

하지만 중요한 점은 이 연구에서 미국 내부의 건강도는 변하지 않는 상수로 취급하여, 연구에 반영하지 않았다는 것이다. 미국의 외부적 모습을 기준으로 내부의 모습을 강건하다고 판단하고 상수로 두고 연구를 진행했기 때문이다. 하지만 미국의 급속한 사회 자본 붕괴 현실을 감안할 때 미국의 내부 사회모습을 더 이상 상수로 처리할 수는 없다. 아니 이런 추세라면 오히려 미국의 국제정치적 위치의 안정성은 외부보다 내부의 위협이 더욱 무서울 것이다. 즉 시민사회의 붕괴는 미국의 역량을 장기적으로 크게 약화시킬 것이다.

다시 말해 미국 시민사회는 단기적으로는 몰라도 장기적으로 미국의 약화에 영향을 끼치는 아주 중요한 변수인 것이다. 내부의 건강한 시민사회 없이 외부로부터 소프트 파워를 유지 혹은 회복한다는 것은 사실상 어렵거나 제한적일 수밖에 없다.

내부의 약화로 인한 국제정치구조의 변화는 평화로운 구조전환이 되기 힘들다. 이러한 전환기에 국제안보는 매우 불안정해질 것은 자명하다. 미국의 약화가 우리나라에 좋은 소식일리 없다. 미국은 유일한 한국의 군사적, 나아가 포괄적 동맹국임과 동시에 마지막 남은 냉전시대에 사는 우리나라에게 동맹의 의미는 남다를 수밖에 없다. 중요한 점은 미국 시민사회는 아직은 변수라는 점이다. 변수라는 말은 더 악화될 수도 있지만, 좋은 방향으로 개선될 수가 있다는 뜻이다. 다음 장에서는 추락한 미국 사회 자본을 회복시킬 수 있는 작지만 의미 있는 희망들을 찾고자 한다.

북극곰 사회

제4장

미국 사회 자본을 복구할 수 있는 작지만 희망적 신호들

제4장
미국 사회 자본을 복구할 수 있는 작지만 희망적 신호들

제1절 국가 존중 의식의 구조화된 모습

　국가는 모든 개인이 누릴 수 있는 수많은 공공재를 제공한다. 우리가 언제라도 갈 수 있는 우리 집 주변의 크고 작은 공원들이 대표적으로 우리가 쉽게 접할 수 있는 공공재이다. 또한 우리가 운전하는 도로들도 쉽게 접하는 공공재이다. 민간재와는 달리 이러한 공공재는 특정 개인을 배제시키기가 어렵다. 예를 들어 특정 개인에게 "당신은 세금을 내지 않았으니 이 공원과 도로를 사용하지 말라"고 하는 것은 현실적으로 어렵다. 따라서 무임승차자(Free rider)가 발생하게 된다.

　우리가 쉽게 인식하지 못하지만 개인 생존에 가장 중요한 공공재는 국가안보이다. 안보는 너무 당연시 여겨져 크게 걱정할 필요없이 가만히 있으면 지켜지는 것이 아니다. 모든 국민들이 힘을 합쳐 만들어낸 공공재인 것이다. 하지만 이러한 안보 공공재는 너무 당연시 여긴 나머지 무임승차자 문제에 더욱 노출되기 쉽다. 한 국가의 개인들이 안보이익은 마음껏 누리면서 안보의 일선에서 뛰는 군인들과 안보담당자들의 사기를 저하시키든지 안보 공공재 창출 및 유지를 위한 그들의 노력이 보잘 것 없는 것처럼 인식하게 하는 것은 무임승차자의 대표적 행태들일 것이다.

미국은 이러한 안보 무임 승차자를 최소화하고 안보 공공재를 창출 및 유지하는 군인들과 안보담당자들의 역할에 경의를 표하고 성원을 보낸다. 많은 미국 국민들은 평소에도 가정에 국기를 걸어놓고, 국가기관이 아닌 일반 쇼핑몰에도 성조기를 게양하고 있는 모습들은 미국에서 어렵지 않게 발견할 수가 있다. 이러한 모습들은 강제성이 없는 상황에서 이루어진다는 측면에서 안보 공공재를 중요시 여기는 국민들의 사고 없이는 쉽게 나타날 수가 없다고 할 수 있다.

그리고 국가안보를 위해 헌신하는 군인들에게 미국 국민들은 최고의 예우를 표한다. 미국 방송에서 "우리 군인들은 영웅이다"라는 식의 방송을 쉽게 접할 수 있고 군복 입은 군인들을 따뜻하게 대한다. 한 미국 육군 장병은 "내가 군복을 입고 외출할 때 보여주는 사람들의 따뜻한 시선이 조금 부담스러울 정도다"라고 본인에게 말한 적이 있다. 이 말은 일반 시민들이 자신들은 군인은 아니지만 공공재는 창출하고 유지하는 미국의 한 일원으로 해야 하는 것이라고 생각하기 때문에 가능한 것이다. 다시 말해 그들은 무임 승차자가 되지 않으려고 항상 노력하고 있는 것이다.

나라를 위해 산화한 군인들에 대한 경의는 말할 나위 없이 높다. 실화를 바탕으로 제작된 미국 영화 "챈스 일병의 귀환"은 미국사회가 전사자를 어떻게 대우하는지를 보여주는 아주 좋은 예이다. 이 영화는 행정업무를 하고 있는 미 해병 스트로블 중령이 이라크에서 전사한 미 해병 챈스 일병을 운구하는 과정에서 보여지는 주변 사람들의 모습을 자세히 담고 있다. 항공사 직원은 스트로블 중령이 챈스 일병을 운구하는 임무를 수행 중임을 알고 그를 최고의 예우로 대우하며 항공기 좌석은 일반석에서 비즈니스석으로 바꾸어준다. 또한 기장은 국가를 위해 산화한 한 젊은 청년이 비행기에 타고 있음을 방송을 통해 승객들에게 알리고 경건한 마음을 가져줄 것을 요청한다. 또한 비행기에서 내려 챈스 일병의 고향으로 가는 차량에 주변을 지나는 차량은 차량의 신호등을 이용하여 지속적인 경의를 표하고 젊은 청년의 헌신에 감사함을 표한다.

주변의 사람들은 국가기관의 사람들이 아닌 민간인으로서 누가 시켜서 경의를 표하는 것이 아니라 그들 스스로가 안보 공공재를 유지하려는 의무가 있는 일원으로 생각하고 행동하기 때문에 조금 더 어려운 현장에서 안보 공공재를 지키기 위해 산화한 젊은 해병을 기리는 것이다. 전사자를 고귀한 죽음으로 만들어 줄 수 있는 사회적 구조는 모든 국가와 사람들이 따라야할, 그리고 배워야할 부분일 것이다.

국가안보의 일선에서 뛰는 군인들에 대한 감사는 단지 마음만 주는 것은 아니다. 군인으로 복무하면 어마어마한 혜택이 따른다. 그들은 일반 대학교를 국가 지원 하에 무료로 다니고 일반 시민들이 부러워 할 정도의 풍족한 복지혜택을 누린다. 나라를 위해 헌신하는 사람들을 위한 대가가 제도적으로 보장되어 있는 것이다.

이러한 국가차원의 복지혜택 외에도 민간차원에서도 자발적으로 군인들을 위한 복지프로그램을 만들기 위해 노력한다. 군인들은 렌트카 할인, 각종 의류 할인 등 그들을 위한 혜택 프로그램을 민간사회 곳곳에서 쉽게 발견할 수 있다. 미국의 해양공원인 씨 월드(Sea world)는 현역 군인들과 가족들에게 무료 입장혜택을 준다. 뿐만 아니라 범고래 공연 전에 관람객 중 현역 혹은 예비역 군인들을 잠시 일어나 달라고 하면서 그들에게

"우리 안보를 위해 헌신하는 그대들의 노력에 감사한다"고 말을 전한다. 그리고 그들은 영웅으로 대우받으며 모든 관람객들에게 큰 박수갈채를 받은 후 범고래 본 공연이 시작된다.

이와 비슷한 행사는 미국 전역에서 자연스럽게 진행되고 있다. 예를 들어 미국 건국의 아버지를 새긴 러시모어산 국립공원에서는 매일 밤 그들을 기리는 짧은 공연을 하는데 이 공연에서 관람객 중 군인이었거나 현재 군인인 사람들은 무대 앞으로 초빙되고 그들 한명 한명이 어디에서 근무했는지 소개하며 모든 관람객으로부터 박수를 받는다.

군인은 돈으로 나라를 지키지 않는다. 국민들이 주는 사랑과 사기를 받으며 열심히 나라를 위해 싸우는 것이다. 국민들의 성원을 받고 그들은 더욱 더 굳건한 사기로 무장된다. 미국 국민들은 이러한 사랑과 사기를 주기 위한 그들의 몫을 절대 소홀히 하지 않는다. 그들은 국가안보가 바로 그들의 개인안보와 직결된다는 점을 알고, 그들에게 안보를 제공하는 국가와 군인들을 존중하려는 마음을 갖고 안보 무임 승차자가 되지 않기 위해서 부단히 노력을 하는 것이다. 실제로 Pew 리서치 센터의 조사에 의하면 미국인들이 전 세계에서 가장 애국심이 높은 국민들로 조사되어졌다. 미국인의 83%가 미국인으로서 극도로 ("extremely") 혹은 매우 ("very") 자긍심을 갖고 있다고 집계되었다(이코노미스트, 2010년 7월 17일, 40쪽).

특히 미국인의 애국심은 9·11 테러 이후에 더욱 공고해졌다. 냉전 이후 소련이라는 위협의 제거는 미국인으로 하여금 상당한 안도감을 주었다. 그리고 외부의 위협에 대한 큰 걱정 없이 하드 파워와 소프트 파워를 모두 가지고 있는 미국에 신뢰를 보내며 살았다. 그러던 중 미국역사상 최초로 본토가 외부의 위협에 직접적인 공격을 받았다. 미국의 자존심이라고 하는 뉴욕의 한복판과 미 국방부는 소련과 같은 전통적 위협이 아닌 기대치도 못하고 보잘 것 없는 위협이라 생각했던 비국가 행위자인 알카에다에게 납치된 항공기 공격에 무참히도 무너졌다.

이러한 새로운 위협에 자각한 미국인들은 국가에 대한 신뢰를 넘어 그들을 강한 애국심으로 재무장시켰다. 미국 국민들은 앞다투어 그들의 가정에 성조기를 달기 시작했고 새로운 위협과 싸우는 군인들에게 더 많은 격려를 하기 시작했다. 즉 미국인들은 그들이 사랑하는 국가가 위기에 처했다는 인식하에 뭉치기 시작했다. 미국이 어떻게 이처럼 공격을 쉽게 받았는지에 대한 추궁을 하기에 앞서 우선 공격에 대한 대응방안을 모색하는 데 더욱 시간을 투자하였다.

외부로부터의 위협에 노출 시 내부가 뭉치는 것은 너무도 자연스러운 반응일 것이지만 그렇지 못한 경우도 종종 있다. 하지만 미국은 뭉쳤고 내부 분열의 최소화로 물적·인적 자원을 더 효율적으로 운용할 수 있었고, 위협을 최소화하고 추가 테러를 방지하는데 더욱 매진할 수 있었다.

　여당이었던 공화당 뿐만 아니라 야당이었던 민주당이 초당적 자세로 테러와의 전쟁의 일환으로 아프가니스탄 전쟁을 지지했고 국민들은 공격받은 것을 빌미로 미 행정부를 몰아세우는 것이 아니라 우선은 미국이 할 수 있는 조치를 할 수 있게 책임자들의 적절한 조치를 기대하며 힘을 보탰다.

　뭉치는 위력을 발휘한 후에 미국의 대응이 궤도에 오를 쯤 미국이 무엇이 부족해서 이런 공격을 받았는지에 대한 조사에 착수했다. 다시 말해 미국인들은 공격받은 시점에서 무엇이 더욱 중요한지 알고 그들의 산발적인 목소리를 자제하려고 노력했다. 그리고 난 후 미국인들은 장기적인 대책을 위해 미국 정부가 개선해야할 점을 요구했다. 즉 국가안보 위기에 처한 미국인들은 단계를 밟아 함께 대응한 것이다. 따라서 9·11 테러 직후 산발적으로 제기된 음모론은 큰 목소리를 내지 못했고 미국의 위기를 극복하는데 쓰여지는 자원이 분산되지 않음에 따라 자원집중의 효과를 거둘 수 있었다.

　더불어 장기적인 개선방안을 위한 대응조처도 철저히 했다. 미국은 9·11 테러 진상조사 위원회를 구성하고 그들에게도 무엇이 문제였는지 파악하기 시작했다(The 9·11 Commission Report). 이러한 노력의 결과 16개나 되는 국가정보기관이 중요한 정보들을 서로 공유치 못함으로써 신뢰할 수 있는 분석도출에 문제가 생긴다는 것을 알고 정보기관간의 벽을 없애기 시작했다.

그리고 의회의 정보기관에 대한 감독도 강화하였다. 정보기관의 의사소통 부재의 문제는 조직적인 문제와 관련이 있다. 따라서 미국의 조직 개편에 속도를 내어 2002년 국토안보부를 창설하여 미국 보호를 위한 전담부서를 운영하게 되었다. 미국인의 국가에 대한 애국심과 성원, 그리고 기다려 줄줄 아는 너그러움이 없었으면 미국의 이러한 대응은 이처럼 신속하게 이루어지지 못했을 것이다.

이러한 모습들은 미국 사회가 개인주의를 넘어 이기주의를 향해 가고 있는 현실을 감안하면 다소 모순적이다. 따라서 미국의 3단계 단위를 짚고 넘어갈 필요가 있다. 그 단위는 개인, 사회, 그리고 국가이다. 우선 개인으로 미국의 많은 개인은 북극곰으로 외롭게 살아간다. 즉 개인주의의 부작용으로 공동체의식이 많이 결여되어있으며 종종 개인주의가 이기주의로 변질되기도 한다.

다음 사회수준으로 그러한 개인들이 모인 사회가 북극곰 사회이다. 북극곰 사회는 개인은 있지만 공동체는 없다. 사실 사회가 없는 사회인 것이다. 의도적인 것은 아니라 할지라도 미국국가는 강력한 공권력을 바탕으로 북극곰 사회를 상당부분 위축시키고 있다. 즉 미국이 성숙한 민주주의 국가라는 점을 감안하면 국가와 사회의 관계가 상대적으로 건강하지 못한 것이다.

하지만 북극곰이 그들이 살고 있는 북극을 그들의 영원한 안식처라고 생각하는 것처럼 미국인들은 미국이라는 국가를 그들의 최고의 안식처라고 생각하고 그들이 사랑하는 미국을 지키기 위해 그들의 마음을 바친다. 개인주의가 변질되어 이기주의로 바뀌는 현실에도 그들의 이기성을 자제하려고 노력한다. 그들이 개인적 이기주의를 넘어서는 공동체의식을 다시 회복할 수 있다는 긍정적 신호인 것이다.

이러한 점에서 미국은 중간매개체로서의 건강한 시민사회는 없었지만 개인과 국가의 직접적인 상호작용으로 미국의 안보위기 해결을 위해 노력하였다. 그러나 장기적으로는 시민사회가 개인과 국가의 매개로서 기능을 해야 한다. 시민사회가 개인과 국가의 직접적인 상호작용으로 회복되기는 쉽지 않을 것이다. 그러나 개인과 국가 간의 건강한 관계는 미국에 내재된 개인 위주의 사고를 공동체도 바라볼 수 있게 하는 사고로 바꿀 수 있게 해주는데 최소한의 희망을 충분히 줄 수 있다. 다시 말해 개인들이 국가를 생각하는 의식이 있을 때가 무관심할 때 보다는 공동체 사회의 부활에 더 좋은 환경이다.

제2절 미국의 또 다른 사회 : 군인 공동체

미국의 군인 공동체는 펭귄문화 속성을 가지고 있다. 군은 국가의 가장 핵심적인 안보 공동체로서 군의 전 분야는 국가 안보라는 동질적이며 공통적인 목표를 가지고 있다. 공동의 목표가 존재한다는 것은 개개인의 군인들이 공동체적인 문화를 갖도록 유도한다.

또한 위협이 산재한 전장에서 개개인의 이익을 추구한다는 것은 그들 공통의 목표인 안보임무의 실패로 이어져 결국 개인도 무너지는 결과를 초래한다는 것을 그들은 다른 어느 조직보다 잘 알고 있다. 전장에서 동료가 위협에 처해있는 것을 그들이 위협에 처해있는 것과 동일시한다. 따라서 미국에서 군은 어느 조직보다 강한 공동체적 유대감을 가지고 있다.

6,000여명이 함께 지내는 항공모함이라는 공간은 한 배를 함께 탄 공동체이며 이라크와 아프가니스탄의 게릴라전에 투입된 소대는 수 십 명으로 구성되어있지만 결속력이 강한 단 하나의 공

동체이다. 개인 이익추구가 아닌 임무 지향적 군의 속성은 그들을 공동체적으로 만드는 커다란 역할을 한다. 아무리 강한 무기와 뛰어난 첨단 기술로 무장되어 있어도 튼튼한 공동체적 유대감 없이는 튼튼한 국방도 없다는 것을 군인 공동체는 잘 안다.

이러한 모습들은 미국의 북극곰 사회와 너무도 다르다. 그렇기 때문에 북극곰 사회에서 자란 미국인들이 군이라는 다른 사회에 들어갈 때는 많은 문화적 차이를 느끼고 적응하는 데 힘들어 하기도 한다. 하지만 군의 체계화된 교육과 특히 시민, 정치인, 그리고 경제인 등 군에 대한 전폭적이고 전방위적인 지지를 바탕으로 그들은 이러한 문화적인 전환기를 이겨내고 차츰차츰 적응해간다.

그들이 전역 후에 돌아가는 곳이 사회라는 점을 감안하면, 군에서 터득한 공동체적 유대감은 북극곰화되어가는 사회를 부활하게 할 수 있는 중요한 초석이 될 수 있다. 어려운 점이 있다면 공동체적 마인드를 갖고 전역하여 사회로 돌아간 예비역 군인들의 이러한 마인드가 전 사회적으로 한순간에 확대되기는 힘들다는 것이다. 더욱이 북극곰 사회가 전반적으로 구조화되어 있는 현실을 감안하면 그들이 자신도 모르게 다시 북극곰 사회의 일원으로 흡수되어 그들이 가졌던 공동체적 의식이 쉽게 사라질 수 있다는 것이다. 하지만 미국에서 군인의 사회가 가진 공동체적 유대감은 미국 사회자본 부활의 적신호가 아닌 청신호임이 분명하다.

제3절 시골 공동체

군인 공동체 말고도 미국에는 우리나라 수준까지는 아니라 할지라도 나름대로 공동체의식이 강한 지역이 있다. 적은 인구가 오손 도손 모여 사는 시골 지역이다. 우선 시골 지역에 사는 미국인들은 가족 유대감이 강한다. 미 사회 전반의 북극곰화 추세에도 불구하고 시골 지역의 미국인들은 한 가정의 최고 어른인 할아버지, 할머니 생신에도 전 가족이 함께 모이는 것을 자주 본다. 도시 지역의 가정에서는 추수감사절(Thanksgiving day)과 같은 아주 특별한 날을 제외하고는 보기 힘든 광경이다. 멀리 출가한 가족들이 돌아와 가족 모임 하는 날을 위해 맥주 등을 집에서 직접 만들고, 음식도 준비한다. 우리의 시골 모습과 크게 다르지 않다.

시골 지역의 미국인들은 또한 이웃과 친구들을 가족만큼 소중히 생각한다. 시골 지역의 주민들은 지역 공동체 일에 관심이 많고, 주변 이웃들의 대소사에도 많은 관심을 보인다. 주변 이웃의 생일, 결혼 등 중요한 행사가 있으면 그들이 참가하든 못하든 간에 주변 이웃 모든 사람들이 이러한 행사가 있음을 서로 공유하고 참가하지 못한 이웃들은 만나면 안부를 전한다.

또한 직장 동료가 며칠 동안 자신의 책상에서 죽은 채로 있었어도 이를 인지하지 못하는 미국의 도시 환경과는 달리 하루라도 주변 이웃이 안보이면 관심을 보이고 안부를 묻는다. 동네에서 어려서부터 함께 학교 다닌 친구는 가족만큼 소중하며 평생 연락하고 지낸다. 다시 말해 공동체적 유대감이 있다는 이야기이며, 즉 사회 자본이 도시 지역보다 시골 지역에 더욱 많다는 뜻인 것이다.

이런 측면에서 미국의 시골 공동체는 거대한 대륙의 거대 북극곰 사회의 내부에 있는 작은 펭귄 공동체라고 할 수 있다. 도시의 북극곰 사회가 더욱 심화될수록 시골의 펭귄 사회와 더욱 더 비교가 된다. 이렇게 비교가 될 때 두 가지의 경로를 걷게 될 수 있다. 시골 펭귄 사회가 도시 북극곰 사회처럼 변이되어 흡수되든가 아니면 시골 펭귄 사회가 도시 북극곰 사회의 확장을 막거나 혹은 심지어 북극곰사회 전염균을 치유하는 효과까지 줄 수 있다.

북극곰화된 사회에 사는 사람들도 그들이 사회적 동물이라는 것을 알고 그들도 시골 공동체의 공동체적 유대감이 인간에게는 지극히 정상적인 생활상이라는 것을 안다. 따라서 시골 사회의 공동체적 유대감의 유지는 북극곰 사회를 일깨우는 메시지를 지속적으로 던져줄 수가 있다. 물론 이러한 시골지역의 공동체적 문화는 점점 퇴화하고 있다. 그래도 아직까지 공동체적 사회를 유지하고 있다는 것은 미국의 북극곰사회를 치유하는 비타민이 되고, 중요한 메시지를 전달하는 무전기가 될 수 있다. 즉 최소한 시골 지역이 북극곰 사회화되지 않았다는 것 그 자체만으로도 아직 희망의 끈은 있다고 할 수 있다.

제4절 관용적인 엘리트 정치 문화

미국은 존경에 대한 마인드는 약해도 정치문화 분야에서 상대방 존중에 대한 의식은 발달되어 있다. 상대방의 노고에 고맙다고 이야기할 줄 알고 이러한 존중의식은 정치문화에도 고스란히 내재되어 있다. 미국의 양당 정치는 다양한 이슈로 이원화되어있다. 공화당은 보수적인 이념을 내세우고 상류층을 옹호하는 정치정당인 반면, 민주당은 진보적이며 빈곤층과 중산층을 대변하려는 정당이다.

따라서 그들의 관심사는 상당히 이원화되어있다. 공화당은 시장이 정부 보다 더 효율적임을 강조하고 최근 이슈가 되었던 건강보험 문제도 시장 논리를 강조한다. 반면 민주당은 정부가 보다 적극적으로 개입해 약자를 보호한다고 생각하며 이 기본 원리는 민주당 출신 대통령인 오바마 대통령과 민주당 소속 의원들의 적극적인 지지 하에 미국 전 국민 건강보험 법안을 통과시켰다. 세금 감면 등의 문제가 이슈화될 때는 공화당은 세금 감면에는 고소득층도 포함되어야 한다고 주장하고 민주당은 저소득층 위주로 세금 감면이 이루어져야 한다고 주장한다. 이런 점을 볼 때 민주당이 공화당보다 더욱 사회복지에 노력을 기울인다고 할 수 있다.

 이러한 이분법적인 노력이 작용됨에도 불구하고 두 정당은 국가 안보와 같은 국가 차원의 이익을 다루어야 할 때는 잠시 당의 이익을 과감히 접어둔다. 예를 들면 미국은 아프가니스탄 전쟁을 양당의 전폭적인 지지 하에 시작하였다. 국가 안보의 문제를 가지고 정당 이익을 내세우지 않는 정치문화가 정착되어있기 때문이다. 마찬가지 이유로 국가안보위기 시 국가를 위해 헌신하는 행정부 담당자들에게 대정부 질문 등에서 미국 의원들은 처음부터 비판을 위한 비판의 목소리를 내기 보다는 그들에 대한 감사한 마음을 먼저 전달한 후 그들이 궁금해 하고 국민들이 알고 싶어하는 부분에 대한 질문을 던진다.

또한 미국의 정치문화는 지나치게 자리에 연연하려는 모습을 절대 보이지 않는다. 따라서 국민이 선거를 통해서 특정 지도자가 선택되면 승복도 아주 깔끔하게 하려고 하는 것이 정치적 풍토이다. 전 고어 미국 부통령은 2000년 미 대통령 선거 당시 총 득표수에서 5십 만 표 이상 더 많은 표를 부시 후보보다 획득했지만 선거인단수에서는 부시 후보 보다 적은 표를 얻어 결국 부시 후보가 대통령이 되었다.

이러한 과정에서 플로리다 주 개표가 문제가 되어 대법원이 이를 판단하는 상황으로 진행되었는데 고어 후보는 이 과정을 극단적인 선까지 진행시키지 않고 승복함으로써 사심 없는 정치문화의 면모를 보여주기도 하였다. 2008년 대통령 선거에서는 공화당 매케인 후보가 패배 연설을 통해 승인 오바마 후보에게 축하를 보내며, 패배자로서의 최고의 미덕을 보여주기도 하였다.

이러한 관용적인 정치문화는 시민사회가 붕괴되는데 어느 정도의 방패역할을 할 수가 있다. 하지만 한계도 많다. 이러한 정치 문화의 중심에 있는 엘리트들은 시민사회에 어느 정도 붕괴되어 있는지 피부적으로 느끼는데 한계가 있다. 그들은 사회자본이 급속히 떨어지는 중산층 혹은 사회자본이 거의 없는 빈곤층과는 철저히 분리된 혹은 사회자본이 상대적으로 더 많은 별도의 구역에서 살기 때문이다.

사회자본이 추락한다고 이야기하면 엘리트들은 이것은 비난을 위한 비난에 불과하다는 식으로 인식하기가 쉽다. 물론 퍼트남이 이 문제를 체계적이고 논리적으로 지적함으로써 미국의 사회자본 부활을 위한 노력이 전개되기도 하였지만 엘리트들에게 이런 문제는 제2 혹은 3 순위의 문제일 뿐이다. 하지만 사회자본의 붕괴에도 불구하고 포용적인 정치문화가 있다는 점은 독단적인 정치문화보다 긍정인 신호임에는 틀림없다.

최근 사회자본 부활의 가능성에 조금 더 강한 청신호가 켜지기도 하였다. 미국은 오바마 행정부가 들어선 후 사회자본 문제에 적극 관심을 갖기 시작했다. 오바마 행정부는 2010년 7월 사회혁신펀드에 관련한 투자항목을 세분화하기도 하였다(이코노미스트, 2010년 8월 14일). 이러한 청신호에도 불구하고 이러한 펀드는 주로 물질적 분야에 주안을 두어 단기적 처방에는 효과가 있지만 미국 사회에 전반적으로 내재되어있는 비물질적 가치인 공동체적 유대감을 바탕으로 한 사회자본을 부활시키는데는 한계가 있을 수 있다. 하지만 미국이 정부차원에서 사회의 소외화 현상에 관심을 갖기 시작한다는 것은 나름대로의 큰 의미가 있다고 할 수 있다.

제5절 미국 사회를 복구하려는 이민자의 노력 :
   이민 공동체

　미국은 이민에 의해서 형성된 국가이며 이러한 이민의 물결은 21세기인 현재도 여전하다. 미국에서 태어나지 않은 사람들의 규모는 전체인구의 10% 이상이다. 그리고 이러한 이민자들은 미국의 경제발전에 어마어마한 공헌을 하고 있다. 미국인들이 하기 싫어하는 청소와 같은 일들은 대부분 이민자들로 구성된 저임금 노동자들이 거의 도맡고 있으며 이외에도 많은 학자 및 고소득층도 상당부분 이민자로 구성되어 있다.

　경제적인 부흥보다 중요한 것은 이민자들이 사회 자본복구를 위한 신호를 줄 수도 있다는 점이다. 미국만큼 지나칠 정도의 북극곰화 추세를 가진 나라는 드물다. 그러한 측면에서 이민자들은 상대적으로 펭귄 사회 혹은 느슨한 북극곰 사회로부터 온 공동체적 유대감이 강한 문화에 익숙한 사람들인 것이다. 이러한 이민자들은 미국에 와서 극단적인 개인주의 문화에 당황한다. 그리고 그들 속에 내재되어 있는 공동체적 문화 속성이 미국 북극곰 문화에 적용되기 어렵다는 것을 깨닫는다.

　따라서 이민자들은 미국 사회와 공동체적 유대감을 형성하지는 않지만 그들 나름대로의 공동체를 유지하면서 살아나간다.

한국의 날, 멕시코 행사, 중국인 문화 행사 등 다양한 공동체적 활동을 통해서 유대감을 잃지 않으려고 한다. 이러한 활동은 외로운 북극곰 사회에서 그들이 선택하는 가장 인간적이며 사회적 동물다운 생존방식이라고 할 수 있다.

이러한 이민자들이 진행하는 작은 공동체적 활동은 미국 전체 사회에도 긍정적 신호가 되기도 한다. 이러한 활동은 미국인들에게 다소 낯설다. 그들은 먼 발치에서 이러한 활동을 지켜보면서 돈을 주고 티켓을 구입하여 관람하는 자동차 경주대회나 전문 야구 경기와 같은 이벤트와는 많이 다른 것을 알고 점점 호기심을 갖는다. 그들 자신들이 직접 나서서 이러한 공동체적 활동을 하지는 못해도 그들도 사회적 동물이기 때문에 각종 이민 공동체가 주관하는 행사에은 즐거워하고 박수를 보내기도 한다. 이민 공동체는 미국인들로부터 호기심을 유발하여 그들이 잊고 지냈던 혹은 기억 속에 서서히 사라져 가는 공동체적 유대감의 장점을 되새기는 기능을 하는 것이다.

또한 미국 전체사회의 부분 사회로서 이민 공동체는 우물 안에서 밖의 사회에 관심을 갖지 않던 미국인들에게 경종을 주는 계기가 될 수 있다. 더불어 이런 이민 공동체가 조금씩 확산된다면 미국 사회자본 복구에 영양제가 될 수 있을 것이다.

이러한 이민 공동체는 주로 종교를 중심으로 공동체의 역량을 펼친다. 대부분의 도시에는 이슬람계 국가 출신 이민자들이 다니는 무슬림 사원이 있다. 미국의 중대형 도시에는 한국 이민자 중심의 교회, 성당, 사찰 등이 대부분 운영되고 있다. 이러한 종교를 중심으로 한 공동체는 종교 활동만이 아니라 공동체의식을 중심으로 종교행사 후에는 식사도 함께 하고 기타 체육행사 등 종교 외의 다양한 활동을 하는 사회적 공동체로서 자리를 잡아가고 있다. 따라서 북극곰 사회에 이런 공동체가 존재한다는 사실만으로도 사막의 오아시스처럼 사람들을 다시 사회적 동물로 만드는 데 시원하고 희망적인 생명줄이 되어줄 수 있다. 이러한 이민 공동체의 목소리가 높아져 미국 사회 전반으로 확대되어질 수 있다면 미국은 조금씩 북극곰 사회의 굴레에서 벗어날 수 있을 것이다.

제6절 자선 공동체

미국에서 공동체 활동은 사라지고 있지만 약 7만여 개의 자선 단체는 꾸준히 활동하고 있으며 이런 단체들은 평소에 다양한 기부 활동을 벌이고 있다. 그리고 빌게이츠와 같은 기업인들도 적극적으로 자선 활동에 참여하면서 정부나 약해진 시민단체가 하지 못하는 여러 사회문제에 적극적인 관심을 갖는다.

그리고 재해·재난이 발생했을 경우는 자국이든 타국이든 상관없이 더욱 더 적극적인 자선 활동을 벌인다. 2010년 1월 아이티에서 지진이 발생했을 때 미국의 정부차원에서 구호병력을 보낸 것 외에 사회 전역에서 아이티 구호를 위해 자선활동에 동참하는 활동이 전개되었다. 이러한 모습은 이기적으로 변질된 미국의 개인주의를 고려하면 의외적인 모습이라고 할 수 있다. 한 미국인에게 이러한 적극적인 활동에 대해서 물어보았을 때 이것은 인간적이고 공동체적인 의식에서 나온 활동이라기 보다는 그들이 예외적인 사람들이고 그 축복받은 특별한 사람들이기 때문에 약자를 도와야 한다는 어느 정도의 특권의식과 상류의식에서 기인한 것이라고 말하기도 하였다. 그렇든 그렇지 않든 간에 북극곰 사회에서 주위를 돌아볼 줄 아는 시선도 있다는 것은 희망적인 신호라 할 수 있다.

제7절 인터넷 공동체

미국의 현실사회 공동체는 빠른 속도로 무너지고 있지만 가상공간 공동체는 급속히 성장하고 있다. 인터넷은 북극곰이 되어

뿔뿔이 흩어지고 있는 미국인들을 다시 묶어주는 역할을 하고 있다. 미국에서 페이스북(facebook) 계정을 갖고 있지 않고 살기는 쉽지 않을 정도로 그들의 페이스북 사랑은 높고 트위터(twitter)도 점점 활성화되고 있다. 페이스북은 가상공간에서 친구들과 대화하고 소식을 전하는 소통창구로 우리나라의 싸이월드와 비슷한 역할을 하고 있다. 인터넷은 점점 더 필수불가결한 생활의 도구가 되어가고 있다는 점에서 페이스북과 같은 가상공간 공동체는 더욱 탄력을 받아 활성화될 것이다.

물론 이러한 인터넷 공동체가 미국의 북극곰 사회를 펭귄 사회로 회복시키는 중추적인 역할을 하는 데는 한계가 있다. 우선 이는 세대격차를 더욱 크게 하는 결과를 초래할 수 있다. 젊은 세대는 페이스북과 같은 가상공동체가 너무도 자연스럽지만 성숙한 세대는 인터넷 공간은 적응하기 힘든 다른 세상으로 인식되는 경향이 있기 때문이다.

즉 세대에 대한 인터넷 공동체의 불균형이 존재하기 때문에 가상공간 공동체는 젊은 세대와 기성세대의 대화를 더욱 방해할 수도 있다. 펭귄사회의 기본 가치는 세대에 관계없이 모두가 사회적 동물로서 외롭지 않고 함께 대화하고 어울리며 산다는 가정 하에 둔 개념이라는 측면에서 세대 격차의 심화는 좋지 않을 수도 있다.

또한 가상공간의 공동체가 생겼다고 해서 현실공간도 공동체를 회복시킬 수 있다는 보장은 없다. 왜냐하면 가상공간에서 이야기를 많이 나누고 궁금한 정보도 다 구할 수 있기 때문에 구태여 현실공간에서 사람들끼리 만나면서 시간낭비를 할 필요가 없을 수도 있다. 이렇게 된다면 가상공간의 공동체는 현실공간 공동체의 회복에 촉매제가 아닌 방해꾼이 될 수도 있다.

이러한 단점에도 불구하고 가상 공동체의 활성화는 이미 너무 많이 무너진 사회를 회복시키는 작은 희망이 될 수 있다. 한 미국 할아버지는 "미국 사회가 너무 많이 무너져 이미 늦었다"고 말씀하신 적이 있다. 하지만 이미 늦었다고 생각할 때가 그들이 노력할 수 있는 가장 빠른 시점일 것이다. 지금까지 그들의 사회가 북극곰 사회화되고 있다는 것을 판단하는 데 단지 오래 걸렸을 뿐이다.

이러한 담론이 활성화되는데 인터넷의 공동체 공간은 큰 역할을 할 수가 있을 것이다. 인터넷은 순식간에 전역에서 정보를 공유하는 시간과 공간을 극복하는 힘을 가지고 있기 때문이다. "Online network"는 "Offline network"를 촉진시킬 수 있고 이를 위해 가장 중요한 점은 더욱 더 많은 미국인들이 자신들의 사회가 얼마나 북극곰화되었는지를 인식하는 일일 것이다.

제8절 차별을 금지하는 공식적 제도들

미국에는 많은 차별이 존재한다. 특히 인종차별은 아직도 사회에 내재되어있다. 하지만 법적·제도적 장치를 통해 이러한 차별이 수면 상으로 부상하거나 표면화되지 못하도록 강력히 규제한다. 기업이나 학교 어느 곳을 막론하고 인종 차별성 발언 혹은 인종을 이유로 제한을 하거나 차별을 하면 엄청난 처벌이 뒤따른다.

더욱이 장애우를 위한 제도적 여건은 아주 잘 조성되어있다. 건물에 장애우를 위한 화장실 배치가 제도적으로 보장되어있으며 모든 버스에도 휠체어를 탄 사람들을 위한 공간이 마련되어있다. 그리고 모든 버스는 장애우들이 승하차를 쉽게 할 수 있도록 높낮이를 조정해주는 닐링 시스템(Kneeling system)을 탑재하고 있다. 건물 출입구에는 계단 이외에 휠체어가 다닐 수 있는 경사도로가 있고 모든 보도블록도 휠체어가 다닐 수 있도록 고안되어있다.

더욱 놀라운 점은 장애우에 대한 제도적 절차가 아주 조직적으로 발달해있다는 것이다. 학교에는 장애우가 공부하는데 불편이 없도록 돌보는 전문 조직이 있고 그들은 장애우들을 위한 각종 장치를 마련해두고 있다. 예를 들어 청각 장애우가 한 명이라도 대학교 수업을 듣는 경우는 보조요원이 배치되어 교수가 하는 강의를 수화로 동시에 청각 장애인에게 전달한다. 그리고 노트 필기를 하기 힘든 장애우를 위해 같은 수업을 듣는 학생 중 그들의 노트 필기를 그 장애우에게 보여주게 유도한다. 물론 이 과정에서 학교는 노트를 빌려주는 학생에게는 적절한 금전적 보상을 지불한다. 노트 빌려주는 것을 물질적으로 보상하는 현상은 물질만능주의의 삐뚤어진 사례이기도 하지만 학교에서 장애우를 위해 이처럼 다각도로 노력하고 있다는 것은 본받을 만하다.

차별을 근본적으로 없애는 데는 공식적 제도와 함께 비공식적 공감대 형성이나 문화도 중요하다. 후자의 경우 북극곰 사회보다는 펭귄 사회가 그 역할을 더 훌륭히 해낼 수 있다. 그러한 측면에서 미국의 차별금지는 반쪽짜리이다. 그러나 법률을 통해 차별을 금지하고 장애우라고 해서 불편을 겪거나 부당한 대우를 받는 것을 막아주는 제도적 장치는 소외된 사람들을 음지에서 양지로 나오게 할 수 있다는 측면에서 중요하고 북극곰 사회이지만 최소한 이런 배려가 철저하다는 것은 의미있는 대목이다.

북극곰 사회인 미국도 세부적인 제도적 장치를 통해 장애우들을 세상 밖으로 적극적으로 나오게 유도해 일반 사람들과 함께 적극적인 사회생활을 할 수 있게 돕고 있다. 여기서 우리나라가 아직 펭귄 사회인 점을 감안하면 우리나라는 장애우에 대한 사람들의 무관심보다는 제도적 보완이 더욱 시급하다는 점을 생각해 볼 수 있겠다. 우리도 적절한 제도적 장치를 마련한다면 장애우가 차별을 받지 않는 사회가 될 수 있음을 시사한다.

제9절 아직 잔류하고 있는 공동체적 풍습

미국은 역사적으로 우리의 펭귄 사회 모습과 크게 다르지 않았다. 혹독하고 낯선 땅에서 미국 초기 정착민들은 혼자 살 수는 없었으며, 따라서 많은 것들을 함께 하면서 어려운 삶을 이겨냈다. 예를 들어 초기 정착민들은 추수감사절에 가족 및 이웃과 함께 모여 음식을 나누어 먹으며, 이 날을 함께 감사해하며 보내왔다. 심지어는 인디언들과도 추수감사절을 함께 보냈다. 아직도 추수감사절은 미국에서 가족들이 모이는 최대의 문화 행사로 가족공동체를 유지시키는데 크게 공헌하고 있다. 추수감사절과 더불어 성탄절도 가족 모두가 함께 모이는 중요한 기회의 장으로 기능하고 있다. 또한 성탄절에는 교회를 중심으로 무료 연극 등을 상영하고 이웃공동체를 초대하기도 한다. 이러한 문화적 행사들은 아직 남아있는 미국의 대표적인 공동체적 성향의 문화들이라 할 수 있다.

미국에 아직 남아있는 공동체적 요소 중 이 보다 더 의미있는 공동체적 문화 풍습이 있다. 바로 매년 10월 31일 거행되는 할로윈(Halloween) 문화 축제이다. 이는 아일랜드 사람들이 미국에 정착할 때 들여온 문화적 풍습으로, 죽은 영혼들을 놀려주기 위해 유령복장 등을 하며 이 날을 즐긴다.

할로윈은 어른 아이들 할 것 없이 함께 즐기는 범국민적 축제이지만, 특히 아이들에게는 더욱 재미있는 날로 인식된다. 학교에서는 아이들이 모여 호박을 재미있게 조각해서 학교에 전시하고 학부모들과 함께 관람한다. 또한 아이들은 할로윈 당일 단순한 유령복장을 넘어 피터팬, 수퍼팬, 혹은 동화 속 공주와 같은 그들의 영웅들로 변신함으로써 그들의 상상력을 마음껏 뽐내기도 한다.

이러한 할로윈이 공동체적 문화에 가장 의미있는 대목은 바로 아이들이 이웃을 돌아다니며, 사탕을 선물받는 "Trick or Treat" 문화적 풍습이다. 평소에 굳게 잠기었던 이웃집의 문들이 이 날 밤만큼은 활짝 열린다. 아이들은 재미있는 복장으로 사탕바구니를 들고 이웃집 문을 두드리면서 "사탕을 안주시면, 장난칠 거예요"라고 귀엽게 이야기한다. 그러면 한 번도 인사한 적도

본 적도 없는 이웃집 어른들은 사탕과 초콜릿 등을 바구니에 듬뿍 담아준다. 어떤 이웃들은 부끄러워 이런 요구를 하기를 꺼려하는 아이들을 위해 아예 의자를 갖고 밖에 나와 한참동안 아이들을 기다리기도 한다. 그야말로 이날 밤 하루지만, 이웃을 무서워하고 멀리하기 보다는 그들을 생각해주는 것이다. 다시 말해 하루살이지만 이웃공동체가 가동되는 것이다. 이러한 공동체적 문화 풍습이 아직 남아있다는 점은 미국 사회자본 부활을 포기하기에는 아직 이르다는 점을 보여준다.

제10절 북극곰 사회를 인식하는 작지만 의미 있는 목소리들

많은 미국인들은 가면 밖에 자신의 모습에 도취해 병들고 있는 가면 안의 모습을 보려고 하지 않는다. 이런 모습들이 북극곰 사회를 일시적인 병치레가 아닌 만성적인 전염병으로 만드는 이유이다. 그럼에도 불구하고, 병들고 있는 미국사회를 보지 않는 많은 미국인들을 안타까워하며 어떻게 하면 북극곰 사회를 펭귄 사회로 변화시킬 수 있는지 고민하는 사람들이 있다. 이 책을 집필하는 과정에서 깊고 사심없는 대화를 나누어주고 건설적인 조언을 해준 미국인들은 분명 달랐다. 그들은 북극곰이 되길 싫어하였으며 그들이 자랑하는 국가에 걸맞는 시민사회를 만들기 원하는 사람들이었다.

언급하였듯이 미국의 미디어는 상업주의로 황폐화되었다. 따라서 신뢰성 없는 미디어, 특히 TV 방송은 사회자본의 실종을 영구화시키도록 부추기는 경향이 있다. 이러한 척박한 환경 속에서도 간혹 북극곰 사회의 굴레에서 벗어날 희망을 보여주는 방송을 발견하기도 한다. 애리조나주 한 지역 방송뉴스의 "On Your Side (여러분 편이에요)"라는 프로그램은 어려움에 처한 지역 공동체 일원을 방송국에서 해결해주는 역할을 한다. 시청자가 어려움을 제보하면 방송국에서 찾아가 어려움을 듣고 해결해준다. 예를 들어 어느 할머니는 갑자기 쓰러져 주위 사람들이 구급차를 불렀는데 구급차가 오기 전에 할머니는 다시 일어나서 구급차의 도움이 필요하지 않았고 구급차로부터 아무 서비스도 받지 않고 돌려보냈다. 하지만 얼마 후 할머니는 700불 가량의 청구서를 받았고 가뜩이나 어려운 가정환경에 어찌할 바를 몰라 하다 상기 프로그램에 제보한 후 방송 담당자가 구급차 회사를 찾아가서 해결해 줌으로써 할머니는 700불을 면제받을 수 있었다.

또한 미국의 전국 방송인 ABC는 "What would you do?"라는 프로그램은 통해서 미국인들이 남의 일에 대한 무관심의 문제를 집중적으로 다루기도 한다. 즉 공동체 부재현상 문제를 다루고 있는 것이다. 이 사회 현상을 조사하기 위해 몰래카메라를 설치해 미국인들의 반응을 살펴보는 절차로 진행되는데, 그 중 하나의 사례는 식당에서 한 남자가 여자 친구에게 폭언을 하며 위협할 때 식당의 다른 고객의 반응을 보는 것이었다.

식당의 미국인들의 반응은 미국의 북극곰 사회를 정확히 반영하는 결과를 도출하였다. 한 손님은 지배인을 불러 시끄럽다며 자리를 바꾸어달라고 요청했다. 이 지배인은 이 실험의 목적을 사전에 설명을 받았기 때문에 물론 이 남자에 대한 어떤 조치를 하지 않는 상태였다. 다른 테이블의 손님들은 계속 이 남자의 심해지는 언어 폭행에 귀를 기울이기도하고 특히 여자의 얼굴에 난 피멍 등을 보면서 남자의 물리적 위협 가능성에 대한 우려를 표명하였지만 그냥 관망만하였다.

시간이 한참 흐른 후 보다 못한 한 여성이 일어서서 건강한 남자에게 대응했다. 그 여성은 목소리를 내며 불쌍한 처지에 있던 여성을 강력히 대변해 주었다. 몰래카메라 촬영이 끝난 후 방송 담당자는 그 여성에게 "그러한 용기가 어디에서 생겼느냐"고 물었다. 그 여성은 자신도 비슷한 경험이 있어 남 이야기가 아닌 것 같아서 자신도 모르게 그랬다고 대답했다.

그리고 무반응했던 다른 모든 손님들에게도 왜 가만히 앉아있

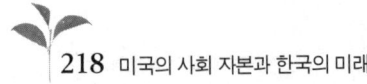

었느냐고 물었다. 한 여성 손님은 남의 일이라고 대답했지만 어느 미국인은 자신도 도와주고 싶었지만 내가 왜 가만히 있었는지 자신도 모르겠다며 울먹였다. 이 마지막 여성의 대답은 북극곰 사회에 살고 있지만 마음만은 북극곰이 아니라는 것을 보여주는 사례이다. 즉 북극곰 사회에도 희망은 있다는 것을 보여주었다. 더욱이 이와 같은 전국 방송은 미국 전역에 그들이 원하지도 않은 사이에 북극곰화되어가고 있는 그들의 모습에 대한 자각을 일깨워 줄 수 있는 희망적인 신호를 강력히 전달해 줄 수 있다는 점에서 주목할 만 하다.

이와 같은 방송은 상업화된 미국 방송의 아주 작은 일부분을 차지하지만, 대부분의 방송이 사회에 큰 의미를 던지는 내용으로 구성된 방송사도 있다. 상업화된 미국사회 속에서도 공영방송으로서의 위치를 간직하고 있는 방송은 PBS(Public Broadcasting Service)이다. PBS는 비영리 공영방송으로 방송 운영은 주로 개인 자선기금 등으로 이루어진다. 따라서 방송은 돈을 벌기위해서 하는 것이 아니고, 미국인들에게 정확한 사실을 전달하고 그들을 계몽시킬 수 있는 계기를 만들기 위한 목적으로 구성된다. 특히, 가난한 사람들과 외국에서 이민 와서 힘들게 살아가는 사람들과 같은 소외된 사람들에 대한 다큐멘터리 등을 진지하게 다룬다. 따라서 이 방송은 미국인들에게 가장 신뢰받는 방송으로 자리매김을 하고 있다. 방송은 사회인과 대화하는 가장 영향력 있는 통로라는 측면에서 아직 지각있는 목소리를 전하는 방송이 있다는 것은 꺼져가는 미국의 사회자본이라는 촛불을 살릴 수 있는 희망이라 할 수 있다.

북극곰 사회

제5장

한국의 사회자본
진단과 지속발전을
위한 지혜

제5장
한국의 사회자본 진단과 지속발전을 위한 지혜

제1절 한국의 사회자본 진단

 우리 한국사회는 펭귄 사회인가 아니면 미국과 같은 북극곰 사회인가? 이 질문은 우리의 현 위치를 파악하게 함으로써 우리나라가 미래를 향해 지속 발전하고 국제무대에서도 앞서가는 내재적 역량을 갖추게 하는데 매우 중요하다. 주지하다시피 내부의 건강도는 외부의 역량과도 직결되기 때문이다.

 또한 사회의 건강도는 국가의 존립과 안보에도 영향을 미친다. 왜냐하면 사회적 자원이 결국 국가안보를 위한 자원이 되기 때문이다. 예를 들어 미국에서는 북극곰 사회의 부정적 부산물 때문에 군에서 국가안보를 위해 일할 수 있는 사회적 자원을 심각한 수준으로 잃고 있다. 앞서 언급한 것 처럼 미국 예비역 군인 단체는 17세에서 24세의 미국 젊은이들 중 75%가 군대에 갈 자격이 되지 않는다고 보고서를 발표하기도 하였다("Too Fat to Fight," 2쪽). 그 주요 원인으로 고등학교 미 졸업, 범죄 전과, 신체적 건강도 부족 등을 들었다. 중요한 점은 이런 원인은 미국의 북극곰 사회와 밀접한 관련이 있다는 것이다. 더욱이 우리의 사회를 진단해보는 것은 안보차원에서도 매우 중요한 일이다.

21세기 한국의 사회는 느슨한 펭귄 사회이다. 펭귄 사회로서의 모습은 간직하고 있지만 산업화, 도시화, 세계화의 물결에서 펭귄 사회속성을 조금씩 잃고 있다. 하지만 그래도 다행인 것은 미국처럼 아직은 북극곰 사회로 진입을 하지 않았다는 것이다.

한국의 전통적 사회는 공고한 펭귄 사회였다. 전통적 한국 사회에서 공동체라는 것은 선택의 문제가 아니고 삶과 직결되는 필수요소였다. 농번기에는 두레라고 하는 작업공동체를 통해 마을사람들이 힘을 모았다. 가까운 이웃끼리는 품앗이라는 마을 제도를 통해 바쁜 농사일을 서로 도왔다. 계는 상부상조와 공동이익 창출을 목적으로 성행하였다. 경제자본이 사회 자본을 만드는 서구 선진사회와는 정반대로 사회 자본을 바탕으로 형성된 계가 경제자본을 창출하는 역할을 했던 것이다.

또한 사회의 자치규약으로 향약이라는 사회규범도 존재하였다. 펭귄 사회에는 사회 규범도 많고 잘 지켜지지만 북극곰 사회는 규범보다는 법에 의한 힘만이 존재한다. 따라서 융통성은 없고 작은 문제라도 법만 따지며 규범과 상식에 의한 문제해결을 거부한다. 향약은 규범이 통하는 사회라는 것을 보여주는 사례라고 할 수 있다.

이러한 펭귄 사회로서 전통적 사회의 가치는 역사적, 그리고 문화적으로 공공한 위치를 차지하고 있어 다른 서구 선진국들과는 달리 다행히 한국사회는 펭귄 사회의 속성을 쉽게 놓치지 않았다. 1980년대까지도 이웃들과 김치를 함께 담그는 공동체의 모습을 보는 것은 흔한 일이었고 이사할 때 이웃들이 도와주고 쉬면서 자장면을 함께 먹는 모습은 전통적 사회의 모습과 매우 흡사했다.

법만큼 중요한 것이 공동체의 규범 논리였다. 이사하면 주위 사람들에게 떡을 돌리며 새로운 이웃 공동체의 일원이 된 자신들을 소개하였다. 버스나 전철에서 나이 드신 할아버지 혹은 할머니를 보면 자리를 양보하던 것은 고민해야하는 문제가 아니고 자연스러운 모습이었다. 규범의 힘은 이 뿐만이 아니었다. 이웃에서 놀다가도 이웃 어르신들을 보면 인사드리고 학교 선생님을 보면 왠지 모르게 대하기 어려운 분으로 생각되고 하던 것들은 이러한 규범이 왕성하게 한국인들을 인도하여왔던 모습들이다.

하지만 안타깝게도 이러한 규범들은 서서히 우리의 문화, 그리고 사회에서도 그 힘을 잃어가고 있다. 학생들은 점점 더 그들의 선생님들을 어렵게 생각하지 않고 아이들은 점점 더 이웃의 어른들을 보고도 모른 체하는 현상이 생기고 있다. 공부만 잘하면 된다는 생각도 점점 더 팽배해지고 있다.

사회 규범이라는 것은 공동체 의식이 강할 때는 그 힘을 발휘하지만 혼자 사는 북극곰에게는 이러한 규범이라는 것은 그들이 따를 필요도 가치도 없는 것이다. 따라서 사회 규범의 강도는 공동체의 강도와 직결된다. 공동체 의식은 완화되고 개인위주로 성장하는 사회는 장기적으로는 성장이 아니라 퇴화의 길을 걷게 된다.

서구권 국가 특히 미국에게 한국은 예절을 중시하는 국가로 잘 알려져 있다. 이러한 생각을 갖고 있던 한 미국인은 한국의 한 대학교에서 영어를 1년간 가르친 소감에 대해 이야기한 적이 있다. 그 미국인이 피력한 소감은 다소 믿기 힘들 정도로 충격적 이었다. 그는 한국의 신세대가 미국 신세대와 비슷하게 행동하고 예절과는 거리가 먼 모습을 자주 목격하였다고 말하였다. 즉 그는 한국의 젊은이들에게서 공동체적 소속감 보다는 개인주의적 성향의 모습들을 본 것이다.

이는 미국에서 행하는 많은 것들이 체를 통해 걸러지지 않고 세계화되어 우리나라까지도 부지불식간에 너무도 쉽게 전염되고 있기 때문이다. 미국은 그들이 가진 많은 것들을 세계화시키고 있다. 미국의 영화는 세계의 영화가 되고 미국의 음료수는 세계의 음료수가 되고 있다. 안타까운 것은 미국의 이기적 개인주의도 세계화되고 있다는 것이다. 따라서 이러한 물결 하에 우리나라도 서서히 미국의 모든 것들을 여과없이 받아들이고 있지는 않은 건지 우리 모두가 걱정하고 생각해보아야 한다.

그래도 그 미국인은 그가 받은 감동적인 사례도 들려주었다. 스승의 날에 학생들은 선생님에게 감사하며 서로 스승과 제자 간의 정을 나누는 모습은 분명 미국에서 찾아볼 수 없는 한국만의 아름다운 모습이었다는 것이다. 그러면서 스승의 날 받은 꽃에 감동받았다는 말도 잊지 않고 해주었다.

지금 한국의 사회는 공고한 펭귄 사회에서 느슨한 펭귄 사회로 변화하고 있다. 느슨한 펭귄 사회가 북극곰 사회로 퇴화하느냐 아니면 경제 자본과 사회 자본을 모두 갖춘 21세기형 공고한 펭귄 사회로 진보하느냐는 5천만 우리 국민들의 의식에 달려있다. 다음 섹션에서는 이러한 의식고양을 위한 작은 지혜를 보태고자 한다.

제2절 대한민국의 지속발전을 위한 지혜

국가의 발전을 위한 지혜는 개인이 독점하거나 혹은 다른 사회인들과 공유되지 않으면 무용지물이거나 그 진가를 발휘하지 못한다. 지혜는 차곡차곡 쌓임으로써 생각의 수준에서 실제로 가시적으로 구현될 수 있는 힘으로 바뀔 수 있다. 앞서 살펴본 미국의 내외적 모습을 종합적으로 판단해 몇 가지 요소를 생각해 봄으로써 대한민국의 지속발전을 위한 지혜에 조금이라도 그 힘을 보태고자 한다.

1. 배울 점과 가르쳐 줄 점을 구분하는 선구안

우리 옛말에 "남의 떡이 더 커 보인다"는 속담이 있다. 더욱이 미국이 세계의 많은 분야에서 선두 자리를 지키고 있다 보니 다른 나라의 입장에서 보면 미국의 모든 것들이 더 좋아보일 수가 있다. 하지만 우리나라는 이제 단순히 다른 국가로부터 배우고 따라만 하는 위치가 아니라 우리가 앞장서서 세계를 선도하는 역량있는 국가로 도약하고 있다. 더욱이 강한 국가인 미국도 내부적으로 건강하지 못한 모습을 갖고 있음이 확인되었다. 그러므로 우리는 미국으로부터 배워서는 안 될 것을 너무 여과 없이 받아들여서는 안 되며 오히려 우리의 건강한 시민사회를 그들에게 가르쳐주어야 한다.

　우리들이 가르쳐주는 위치에 서려면 먼저 미국의 모든 분야를 역할 모델로 인식하는 편견부터 버려야한다. 이는 한 분야의 노력만으로는 되지 않는다. 부지불식간에 정치, 군사, 경제, 사회, 문화 등 모든 분야가 "미국은 이렇게 하는데 우리도 이렇게 하면 좋지 않을까"라는 말이 너무도 자연스러운 것으로 받아들여지고 있기 때문이다.

　전 분야에서 미국이 걷는 올바른 길과 낭떠러지로 향하는 길을 구분하는 식견이 필요하다. 우리 한국은 다양한 분야에서 미국보다 우수하고 지혜롭다. 한 예로 한국의 방송 품격은 미국의 방송보다 훨씬 좋고 아이디어도 참신하다. 그것이 한국의 방송이 한류(Korean wave)를 타고 전 세계로 수출되고 있는 이유인 것이다. 미국의 방송을 따라할 이유가 하나도 없고 오히려 우리가 가르쳐주어야한다.

　또한 한국의 스포츠 방송은 미국 보다 훨씬 덜 상업화되어있다. 방송사의 이익을 위해서 국가대항 경기를 애국심의 시각이 아닌 돈의 시각으로 접근하려 하지 않는다. 이번 2010년 동계올림픽 중계권을 놓고서 SBS 방송사가 미국과 같은 시각에서 접근하다 무수한 저항에 부딪힌 것은 우리의 의식이 아직 건강하고 미국과는 달리 우리에게는 사회자본이 아직 남아있다는 이야기이다.

한국의 음식 문화는 미국과는 비교가 안 되는 5000년 역사 속에 배어있는 선조들의 지혜가 담겨있다. 한국의 음식은 단순히 배를 채우는 food가 아니라 사람들을 건강하게 하는 보약이며 정성이 녹아있는 문화이다. 미국의 햄버거나 스테이크와는 도저히 비교를 할 수가 없다. 미국 음식 중에는 수준 높은 과학과 지혜가 묻어나는 김치와 같은 음식이 없다. 그것이 점점 더 많은 미국인들이 김치에 호감을 갖는 이유이다.

더욱 더 중요한 것은 우리의 음식문화는 우리의 공동체 문화와 함께 발전하고 성숙하여 왔다는 것이다. 전통적으로 우리들이 먹는 음식은 우리 공동체가 함께 하는 것이었지 혼자만 먹는 것이 아니었다. 그렇기에 하나의 음식을 위해 우리 주위의 사람들이 함께 모였다. 동네 사람들은 함께 모여 떡을 만들었고 전 가족 공동체 혹은 이웃 공동체가 모여 송편을 빚고 만두를 만들었다. 우리의 이러한 소중한 공동체적 음식 문화는 현대화와 세계화의 흐름 속에서 잊혀지거나 불편한 것으로 인식하면서 버려야 할 것이 아니라 현대에 맞게 발전시켜야 하는 소중한 유산이다.

미국의 햄버거는 먹을 수 있지만 음식 속에 내포되어 있는 비공동체적 음식문화까지 소화해서는 안 된다. 왜냐하면 햄버거는 혼자서 빨리 먹을 수 있는 음식이기는 하지만 대화를 하면서 공동체적 문화를 향유하는 음식과는 거리가 멀다. 반면 우리의 문화는 음식을 매개로 하여 사람들끼리 서로 어울리는 형태로 발전되어왔다. 음식을 함께 만들며 함께 먹는 행태의 우리의 전통적 음식 문화는 우리의 전통적 사회구조가 공동체적 문화에 바탕을 두었다는 것을 여실히 보여준다.

미국의 음식 구조에는 공동체적 속성이 철저히 배제되어 있다. 미국 식당에서 음식을 주문 시 함께 공유하는 반찬은 없고 모든 사람들이 철저히 각자의 음식과 반찬을 주문하고 각자의 용기에 따로 먹는다. 아이들도 각자의 음식과 반찬을 주문한다. 그들은 음식을 먹을 때도 철저히 개인적인 것이다. 상황이 이러한데도 미국의 외부 모델에 너무도 후한 점수를 주어 미국의 것이라면 3등급 수준의 음식 문화도 좋다는 인식은 삼가해야한다. 더욱이 우리의 아이들이 미국의 음식에 너무 노출된다면 미국과 같은 심각한 비만문제로 몸살을 앓을 수도 있다.

주지하다시피 김장 김치는 우리 공동체 문화의 대명사였던 것에서 보여주는 것처럼 음식 문화는 사회와 밀접한 관련이 있다. 우리가 떡을 만드는 이유는 혼자 먹기 위함이 아니다. 떡은 소량을 만들기 힘들기 때문에 떡을 만드는 저변에는 이 음식을 함께 공유하고자 하는 우리들의 공동체적 의식이 담겨있는 것이다.

이러한 공동체적 음식 문화는 음식이 좋지 않으면 모두가 해롭고 좋으면 모두가 건강해질 수 있기 때문에 건강식을 유도하는 데도 큰 도움이 되어왔다. 따라서 한국의 음식은 미국의 음식에 비하면 너무도 건강한 음식들로 구성되어있다. 미국 사람들도 이런 부분을 많이 인정한다. 자신의 수준 낮은 음식품질에 지쳐 외국음식을 찾고 더욱이 한국 음식은 건강음식이라는 등식 하에 한국 식당을 자주 찾는다. 또한 한국의 전통차와 같은 건강차 문화가 미국에는 없다. 그 자리를 스타벅스가 대거 포진하고 있을 뿐이다. 그렇기 때문에 우리가 미국을 따라하는 것이 아니라 우리의 품격 높은 음식문화를 미국을 포함한 세계에 전파해야하는 것이다.

더욱이 중요한 점은 우리가 이러한 음식을 세계화하고 수출할 때 단순히 음식만을 전파하는 것이 아니라 우리의 공동체적 문화도 수출하여 사회적 동물로서의 속성을 잃어가고 있는 세계인, 특히 미국인들에게 한수 지도해줄 수 있는 것이다.

세계화 시대에 미국식 영어가 중요한 것은 사실이지만 그렇다고 영어의 중요성이 한글의 소외화로 이어져서는 안 된다. 한글은 아주 체계적이며 과학적일 뿐만 아니라 공동체적 유대감을 중시하는 말의 예절이 발달된 인간들이 만든 가장 우수한 글 중의 하나이다. 미국 하버드대학교 라이샤워(Reischauer) 교수는 한글을 세계에서 가장 과학적인 표기체계라고 평가했다. 또한 영국 학자 샘슨(Sampson)은 한글을 인류가 이루어낸 최고의 지적 성과물 중에 하나로 평가했다. 더 나아가 미국의 언어학자 매컬리(Mccawley) 교수는 세계 언어학계에서 한글날을 지정해 기념하는 것은 너무도 당연한 일이라고 말하며 한글의 우수성을 높게 평가했다. 또한 독일의 함부르크 대학 자세(Sasse) 교수는 한글은 서양보다 5세기가 앞서서 음운을 체계화한 세계 제일의 문자라고 했다. 훈민정음은 1997년 10월 1일 유네스코(UNESCO) 세계기록유산으로 등재되기도 하였다.

또한 한글은 영어보다 우수한 소리 표현 능력을 갖고 있다. 영어는 알파벳의 조합을 통해서 만들어진 단어만 보고는 그 음을 추정해내지 못한다. 발음기호를 본 후에야 비로소 정확한 발음을 알 수가 있다. 상당히 불편한 구조이다. 예를 들어 knowledge를 생각해 보자. 영어를 처음 배우고 이 단어를 접했다고 생각해보자. "크" 관련된 발음을 하려고 시도할 것이다. 그러나 기대와는 달리 발음은 너무도 엉뚱하다. 여기에는 영어에 묵음의 법칙이 존재하기 때문이다. 반면에 한글을 처음 배운 사람도 바로 글자를 보고 정확한 발음을 해낼 수가 있다. 그렇기 때문에 한글이 최고의 표음문자로서 칭송받는다. 글자와 소리가 이렇듯 완벽하게 조화가 될 수가 있도록 한 문자인 한글이 우리 한민족의 자랑을 넘어 세계적으로 인간의 훌륭한 문명 중 하나로 여겨야 함은 당연하다 하겠다.

또한 한글은 배우기 쉬운 문자이다. 자모음을 합쳐 24자만 알면 일단 한글을 바로 시작할 수 있기 때문이다. 더욱 놀라운 점은 이렇듯 단순화된 문자 체계는 21세 기술문명에도 최적합한 문자라는 것이다. 단순한 자모음은 컴퓨터 자판에 아주 적합한 문자 형태이고 또한 휴대폰에서도 빠른 속도의 입력이 가능한 구조를 가지고 있다. 이를 당연히 여기면 안 된다. 예를 들면 중국 문자는 자모음의 알파벳으로 구성되어 있지 않고 기본적으로 단어를 암기해야 하는 문자인지라 쉬운 문자도 아닐 뿐더러 컴퓨터나 휴대폰과 같은 첨단 문명에는 적응이 너무도 어려운 문자이다. 그런데 조선시대에 우리 선조가 마치 미래를 내다보는 식견을 가지고 한글을 만들었다는 것은 놀라운 일이 아닐 수 없다.

이렇듯 훌륭한 한글은 우리가 긍지를 갖고 아끼고 소중히 여겨야 한다. 영어 패권의 분위기에 휩싸여 영어보다 덜 중요한 글로 인식되어서는 안 된다. 영어의 과도한 중시화 속에 한국이 소외화된다면 한국이 갖고 있는 아름다운 말 문화를 해치고 결국 이는 공동체적 유대감을 약화시켜 사회자본의 하락으로 이어지게 할 수도 있다.

더욱이 한글에는 영어와는 다른 엄청난 공동체적 유대감이 묻어나는 속성을 간직하고 있다. 다시 말해, 우리의 언어는 펭귄 사회의 언어인 것이다. 한국어는 존칭어가 발달된 언어이지만 미국에는 존칭어가 없다. 단지 "Would you" 혹은 "Please"와 같은 완곡어만 있을 뿐이다. 그렇기 때문에 나이 드신 할아버지 이름을 부르는 것을 너무도 자연스럽게 여긴다. 이런 것들을 편리하다는 이유도 쉽게 받아들여서는 안 된다.

우리 언어에만 있는 할아버님, 형님, 스승님과 같은 호칭과 언어는 단순한 유교적 사상과 위계적 질서를 넘어 공동체 속에서 서로를 아껴주는 기능을 하고 있다는 점을 잊어서는 안 된다. 이웃 혹은 학교 선배 등을 형님이라고 부른다는 것은 형님의 대접을 받는다는 것보다는 형의 위치로서 자신의 공동체에 있는 동생을 챙겨주고 올바른 길로 인도해야한다는 아름다운 의식을 더욱 많이 포함하고 있는 것이다. 나이에 관계없이 모두 친구인 것처럼 인식하는 미국을 여과 없이 모방해서는 안 된다. 더욱이 언급한 것처럼 미국에서는 친구 공동체가 심각하게 퇴색하고 있는 때문에 같은 나이든 나이 차이가 나든 친구로서의 공고함은 기대하기 힘들다.

모두가 영어에만 관심을 갖고 한글을 등한시한다면 영어 세계화의 물결에 미국의 잘못된 문화마저도 전달될 수 있다. 영어가 세계와 대화하고 세계의 중요한 정보를 접하게 할 수 있는 도구라는 것을 고려하면 우리의 젊은이들이 이에 맞는 영어 실력을 갖추어야 할 것이다. 하지만 동시에 우리는 어떻게 한글을 세계화할 수 있을까도 고민해야한다. 왜냐하면 한글은 품격높은 문화와 예절이 녹아있는 우수한 글이므로 이를 세계와 함께 공유해야 하는 것이다. 더욱이 한글은 공동체적 마인드가 내재되어 있는 우리의 소중한 전통적 가치인 것이다. 영어 지상주의와 한글 소외화는 이러한 움직임을 추동하게 하는 데 엄청난 제약이 될 수 있다. 영어를 세계의 일꾼이 되는 핵심적인 자산으로 무장시키되 한글은 더욱 더 강하게 무장되어야한다.

우리의 공동체적 직장문화도 지속적으로 강조되고 진화되어야 할 좋은 전통이다. 우리가 미국의 지나친 개인적 직장문화를 부러워하며 따라하려 해서는 안 된다. 이는 우리의 펭귄 사회를 서서히 잠식하여 북극곰 사회로 변질되게 하는 메커니즘으로 작용할 수 있다는 점을 인식해야한다. 땀 흘려 모두가 함께 일하는 우리의 직장문화는 계약서에 표기된 시간 외에는 업무하기를 꺼려하는 지나친 합리성 보다는 훨씬 아름다운 문화라는 것을 잊어서는 안 된다. 그렇다고, 고용인이 무보수로 직원을 혹사시키며 일을 시키는 것을 두둔하는 말이 아니다. 우리나라가 이러한 것도 걸러내지 못하는 제3세계 사회가 아니기 때문이다.

땀 흘려 일하고 퇴근 후 업무 스트레스를 그들이 매일 보는 직장동료와 식사와 맥주 한잔씩 하며 이야기도 나누고 주말에는 땀 흘려 운동도 함께하는 공동체적 직장문화는 지정된 업무시간이 끝나면 철저히 남이 되는 미국의 직장문화하고는 비교할 수 없을 정도로 인간적이며 사회적 동물로서의 문화이며 우리가 미국에게 가르쳐주어야 하는 펭귄 문화인 것이다.

그러나 우리가 배울 점도 분명히 있다. 공동의 목표를 위해 헌신하는 소방관, 군인들을 격려해주고, 박수도 쳐줄 수 있는 미국의 사회적 분위기는 배워야할 점이다. 아이들이 칭찬을 먹고 자라듯이 이러한 공동체는 사기를 먹고 자라는 조직이기 때문에 격려가 그들의 업무수행에 미치는 효과가 막대하기 때문이다. 갈등과 마찰 보다는 관용적인 정치풍토도 우리에게 좋은 약이 될 수 있다. 사회에 대한 적극적인 관심을 갖고 버는 돈 만큼 사회를 위해 써야한다는 미국 기업인들의 의식도 우리가 배워야 할 점이다.

2. 한국적 가치의 보존

한수 지도해 줄 점과 배울 점을 구분하는 식견을 갖기 위해서는 우리는 먼저 한국적 가치의 소중함을 다시 되새기고 그것을 보존하기 위해 많은 시간을 투자하여야한다. 또한 우리 펭귄 사회의 일원 한 명 한 명이 우리 펭귄 사회의 소중함을 인식하고 자부심을 갖는 공동의 인식이 필요하다. 학교의 선생님을 트레이너가 아닌 인생의 지도자로 존경하는 전통적인 인식은 건강한 사회를 위해 중요하며 계속 보존되어야한다. 이웃을 돌보고 관심을 갖는 이웃사랑은 버릴 것이 아니라 우리의 자랑이다. 노약자가 전철에 서있는데 젊은 자신이 그냥 앉아있으면 왠지 불편한 마음이 드는 것은 버리면 안 되는 우리의 예절문화이자 우리만의 비물질적 재산이다. 주변의 동료가 땀 흘려 일하는 데 일이 있어 먼저 그 자리를 떠나야 하는 상황에서 미안해하는 감정을 갖는 것은 우리가 공동체적 유대감을 갖고 있다는 증거이다.

미국은 이미 이러한 감정에는 연연하지 않고 오로지 모든 것을 합리적인 생각과 계산 만에 의존하는 사회가 되었다. 우리의 사회가 미국의 극단적인 타산적 사고를 합리적이라는 말로 포장해서 따라하려고 해서는 안 되며, 주위를 돌아볼 줄 아는 한국적 합리성을 발전시켜야한다.

특히, 미국의 개인 문화와 가장 크게 구별되는 한국적 가치는 "정" 문화이다. "정" 문화란 무엇일까? "우리"라는 의식이 내재된 공동체 문화의 대변인이다. 미국이 철저한 계약과 개인적 합리성에 기반을 두고 있다면, 한국의 "정" 문화는 "우리" 라는 따뜻한 감정에 기반을 둔 공동체적 사고 문화이다.

이러한 "정" 문화는 각박한 경쟁 사회 속에서도 미국처럼 급속한 사회 자본 추락을 막는 방패역할을 하여 왔다. "정" 문화는 우리와 남을 나누는 이분적인 사고가 아니다. "정" 문화는 우리는 함께 있는 공동체라는 사고에서 출발하는 것이기 때문에 어려울 때 돕고 함께 슬퍼하며 기쁜 일이 있을 때 우리가 함께 축하해 줄 수 있는 환경을 생산하게 해주는 소중한 한국적 가치인 것이다.

더불어 "정" 문화는 자신보다 남을 배려하는 마음에서 비롯된다. 이웃을 초대해서 식사하는 자리에서 우리의 어르신들께서는 손님에게 부족한 밥을 더 대접하기 위해 주걱으로 한번 푸고 나서 다시 한 주걱을 살짝 더 푸면서, "한 수저만 주면 정 떨어지니까 한 수저 더 드릴께요"라고 말하며 밥공기를 건넨다. 그러다 보니 손님이 원하는 양보다 더 많게 되는 일도 발생한다. 그렇지만 손님은 기뻐한다. 손님은 밥을 한 수저 더 준 사람이 그들의 소중한 이웃공동체라고 생각하기 때문에 한 수저의 정성을 더 주었다는 것을 알기 때문이다. "정" 문화는 자신들의 주위를 돌아보게 하는 힘을 가진다. 나의 학급이 아니라 우리들의 학급이며 나의 회사가 아니라 우리들의 회사이고 내가 아니라 우리들의 이웃인 것이다. 공동체적 유대감은 이러한 "정" 문화를 토대로 가능한 것이다. 정반대로 미국에서는 "우리"라는 말보다는 "나" 혹은 "너"라는 말이 사회를 압도하고 있다.

 우리 한국사회에서는 주위를 돌아볼 줄 알기에 직장 공동체에서 급히 해결해야할 중요한 일이 있으면 근무 시간이 끝났다고 미국처럼 쏜살같이 집으로 달려가는 것이 아니라 그 급한 일에 고생하고 있는 주위동료를 살피고, 자신이 도와줄 수 있는 일이 있는지 물어본다. 다른 약속이 있어 도와주지 못하는 경우에는 미안해하며 양해를 구한다. 한 직장의 내가 아니라 한 직장의 우리이기 때문이다.

 물론 "정" 문화가 장점만 있는 것은 아니다. "인간미" 만을 내세워 게으르거나 주어진 일도 소홀히 하는 사람들을 포용하는 것은 발전에 해가 된다. 공부하지 않는 학생에게 "정"에만 이끌려 좋은 성적을 주는 것만 좋은 일도 아니며 그 학생의 발전에도 도움이 되지 않는다.

 여기서 잠깐 생각해 볼 점은 "정" 문화는 합리성이 없다는 말과 동의어로 생각되어져서는 안 된다는 것이다. "정" 문화는 시대의 발전과 함께 진화할 수 있고 우리의 사회가 이렇게 진화하고 있다고 믿고 있다. 다시 말해 합리적인 "정" 문화는 가능한 것이고 합리적인 사고로 평가하고 판단하되 중요한 한국적 가치인 "정" 문화를 버리지 않고 오히려 승화시킴으로써 사회 자본의 씨앗으로서의 기능을 유지토록 유도할 수 있는 것이다.

"정" 문화는 결과만을 보지 않고 과정도 봄으로써 단기적이거나 전술적인 이익이 아닌 장기적 혹은 전략적 이익창출을 가능하게 한다. 즉 장기적 합리성이라고 할 수 있다. 밤을 새워 가며 공부하거나 밤낮을 가리지 않고 최선을 다해 업무보고를 작성한 학생과 직원에게 결과가 마음에 들지 않는다고 인정사정없이 과락을 시키거나 회사에서 책상을 바로 없애버린다면 단기적으로 합리적일지 몰라도 장기적으로는 합리적이지 못하다. 결과 보다는 과정이 중요할 때가 많고 과정에 대한 진정성은 전략적으로 더욱 도움이 되는 경우가 많기 때문이다.

합리적이라는 말은 최선의 결과와 최고의 이익을 추구하기 위해 전략적으로 판단하고 행동하는 모습들이다. 이러한 측면에서 진정한 합리성은 장기적 합리성이다. 노력하는 사람은 언젠가는 그 능력이 발휘된다. "대기만성"은 단순한 속담으로만 존재하는 이상적인 관념이 아니고 우리 주위의 현실에서 쉽게 볼 수 있는 사실인 것이다. 자신의 공부와 일에 열과 성을 다하는 사람들이 단기적으로 좋은 성과를 내지는 못했다 할지라도 열심히 하지 않는데 좋은 성과를 낸 사람보다는 성장 잠재력이 훨씬 탁월하다. "정" 문화는 노력하는 사람을 이해하고 기회를 줄 수 있는 강점을 가지며 그 사람들을 그 주어진 기회를 바탕으로 중요할 일꾼이 되게 함으로써 장기적인 이익과 성과를 가능하게 할 수 있다.

"정" 문화는 5000년의 우리 역사를 통해서 조금씩 조금씩 축적된 물질자산으로는 비교할 수 없는 막대한 정신적 자원이다. 특히 미국에서 지나친 합리성만 보고 자란 사람들은 "정" 문화가 품고 있는 우수성을 뒤늦게 깨닫기도 한다. 즉 미국의 개인적 합리주의와 달리 우리의 진화된 합리적 "정" 문화는 결과 뿐만 아니라 과정도 볼 수 있게 함으로써 단기적 혹은 전술적 수준 뿐만 아니라 장기적·전략적 수준의 성취도 가능하게 해주는 우리만의 진주와 같은 존재인 것이다.

미국의 개인성·합리성을 과대평가하여 이러한 "정" 문화를 구시대 유물로 생각한다면 우리 한국만이 갖고 있는 무궁무진한 자원을 스스로 포기하는 일이 될 것이다. 따라서 우리도 모르는 사이에 조금씩 멀어져가는 우리의 "정" 문화를 자랑스러워하며 잘 간직하려는 우리 모두의 의식 공유는 우리나라의 지속가능한 장기적 발전을 위해 너무도 중요하다.

"정" 문화는 사회적 가치를 넘어 세계평화에 기여하는 근본적 힘을 제공하기도 한다. 한국은 1991년 이후로 평화유지 활동의 일환으로 우리 군을 세계무대로 보내오고 있다. 우리 파병 장병들의 마음 속 깊이 자리잡고 있는 "정"이라는 자산은 세계무대

속에 차원 높은 무기로 승화되어 우리 군이 싸우지 않고 이기게 하는데 크게 기여하고 있다. 가장 대표적인 사례가 우리 군이 이라크에서 이룩한 업적이다.

자이툰 부대는 2004년부터 2008년까지 이라크 아르빌에 주둔하면서 군이 어떻게 총 없이 싸우고, 지역안정에 기여할 수 있는지를 세계에 보여주었다. 이라크 전쟁과 같은 비전통적 전투의 가장 중요한 점은 일정 지역을 힘과 무기로 제압하는 것이 아니라 지역주민의 마음을 얻어내는 것이다. 왜냐하면 이러한 비전통적 전투전장에서는 전투원과 비전투원이 구분되지 않을 뿐만 아니라 외부의 군이 어떻게 행동하느냐에 따라 지역주민이 적 전투원의 편이 될 수도 있고, 외부의 군과 함께 지역안정화를 위해 힘을 합칠 수도 있기 때문이다.

마찬가지 이유로 이러한 환경에서 지역주민에게 단순히 물질만을 제공함으로서 그들의 마음을 얻을 수는 없다. 지역 안정화를 위해 투입된 군이 지역 주민들을 불쌍한 2등급 사회의 사람들로만 인식하여, 단순히 물질 제공만으로서 지역 안정화라는 임무를 달성할 수 있다고 생각한다면, 지역주민들로 하여금 그들을 도우러 온 군이 아니라 점령하러 온 것으로 인식하게 할 수 있다. 미국이 이라크전 및 아프가니스탄전에서 고전을 하는 이유가 바로 이 때문이다.

미군과는 달리 "정" 문화로 무장되어 있는 자이툰 부대의 한국군은 그들을 2등급 사회의 주민들이 아닌 동등한 주민들로서 대우하고, 그들의 어려움을 해결해주고자 열과 성을 다해 봉사함으로써 멀고 먼 사막 한가운데 있는 낯선 이라크 북부의 쿠르드 사회의 사람들의 마음을 얻는데 성공했다. 심지어 쿠르드 주민들은 한국군을 "신이 주신 선물"이라고 칭찬하기도 하였다. 쿠르드 주민들은 자이툰 부대원들을 그들과 같은 사회 공동체의 일원으로 생각하기 시작했고, 그 결과 빠른 시간 내에 아르빌 지역을 안정화시키고 발전시키는 데 크게 기여했다.

자이툰 부대의 성공은 총 없이 전장에서 승리할 수 있는 가장 모범적인 사례로 인식되었다. 쿠르드 자치정부(KRG) 관료들은 앞다투어 다른 나라의 군과는 다른 자이툰 부대원들에게 찬사를 보냈다. 또한 캐나다 일간지 Toronto Sun(2006년 9월 18일자)은 한국의 성공사례를 이례적으로 보도하였다. 이라크전을 이끌고 있는 미군도 한국군의 괄목한 만한 성과에 찬사를 보냈다. 이라크 다국적군 사령부 커렐리(Chiarelli) 중장은 2006년 1월 29일 다른 동맹국 군 지휘관들과의 회의에서 그들이 한국처럼 작전을 해야한다고 4번씩이라 언급하기도 하였다(국방저널, 2006년 5월호, 75~76쪽). 또한 미 중부사령관 펠런(Fallon) 제독은 2007년 3월 26일 자이툰 부대를 방문한 자리에서 자이툰부대가 동맹군의 모델이라고 칭찬하기도 하였다(국방일보 2007년 3월 28일, 2쪽). 동맹국들의 요청에 힘입어, 한국군의 성공사례를 타 국가의 군들과 공유하고자 한국군은 2006년 12월 "자이툰부대 민사작전 핸드북"을 만들어 동맹국들에게 배포하기도 하였다(서울경제, 2006년 12월 31일). 이러한 사례는 "정" 문화라는 사회적 가치가 군의 세계평화 역할에 어떻게 기여할 수 있는지 보여주는 사례이고, 더욱이 미군에게도 한 수 지도해줄 수 있는 원동력이 되었다는 점은 주목할 만한 일이다.

한국적 가치는 위에서 언급한 몇 가지만으로 일반화를 시도하기에는 너무도 어려운 개념이다. 우리의 몸과 마음속에 대를 이어 녹아내려있기 때문이다. 한 가지 중요한 점은 한국적 가치는 북극곰 사회와는 정 반대의 가치라는 것이다. 한국적 가치는 공동체적 가치이고 지역의 공동체는 국가라는 공동체까지도 확대될 수 있는 막강한 힘을 가지고 있다. 한국 축구를 위해 전 국민이 하나가 될 수 있는 마인드는 공동체적 유대감, 그리고 한국인으로서의 긍지 없이는 힘들다. 특히 사회 공동체가 없는 미국에서는 이러한 모습들은 영화 속 이야기에 가까울 뿐이다. 한국적 가치의 보존은 한국의 지속발전을 위해 21세기에 받은 우리 모두의 매우 중요한 숙제인 것이다.

3. 건강한 국가↔사회↔개인 관계

　개인은 잘 살고 국가는 못 사는 사회는 지속적인 발전을 기대할 수 없다. 또한 국가는 잘 사는데 국민 개인의 삶이 어렵다면 그 또한 심각한 문제일 것이다. 국가와 개인을 유기적으로 연결시켜주는 역할은 사회의 몫이다. 펭귄 사회는 국가와 사회를 연결시켜주는 최적의 사회 모습이다. 펭귄 사회는 개인의 이기성만을 내세우는 것을 막아주는 동시에 국가의 필요 이상의 공권력을 차단해주는 역할을 할 수 있다.

　개인이 위기 시 사회는 그들의 대변인이 되어주어야한다. 부당한 해고를 당하거나 공권력으로부터 부당한 대우를 받을시 경제 자본 부족으로 변호사 사무실을 찾아갈 능력이 없는 개인을 구제해주는 역할을 사회 자본이 많은 펭귄 사회는 대신해줄 수가 있다. 우리나라의 의식있는 시민단체들이 이를 위해 뛰는 모습들은 아직 우리나라가 북극곰 사회가 아니라는 것을 보여주는 사례들이다.

　이들 단체들은 개인의 불만을 강한 폭력이 아닌 공동체를 바탕으로 한 시민사회를 통해 풀게 해준다는 측면에서 북극곰 사회에서 양산하는 사회 소외화 현상을 막아줄 수 있다. 사회적으로 소외된 사람들이 찾아갈 시민사회가 있을 때 그들은 우리의 공동체에 머물며 사회를 헤치는 사람으로 타락하는 것이 아니라 오히려 펭귄 사회로의 발전을 위한 역할을 하는 자원이 될 수 있는 것이다. 이러한 측면에서 성숙해지는 펭귄 사회는 사회 부적응자 혹은 사회 미숙아의 부작용으로서 발생하는 사회범죄를 예방하는 기능을 십분 발휘할 것이다.

기능하는 사회가 부당한 위치에서 힘들어하는 개인의 대변인 역할을 해줄 수 있는 것처럼, 그 사회는 국가가 위기 시 국가의 대변인이 되어줄 수 있어야 한다. 왜냐하면 국가 없이는 사회도 없기 때문이다. 더욱이 피와 땀으로 일궈낸 부유한 국가이자 성숙한 민주주의인 우리 국가를 우리 사회는 보호해 주어야한다. 우리 사회는 펭귄 사회가 되어 위기에 처한 국가를 개인의 이기성으로부터 보호하는 완충역할을 해주어야한다.

이러한 펭귄 사회의 역할은 우리나라가 다원성을 인정하는 성숙한 민주주의 국가이기 때문에 더욱 중요하다. 다원성에 대한 인정은 민주주의의 지속을 위해 지켜주어야 할 소중한 가치이다. 하지만 다원성이 다원적 이기주의로 변질되어서는 안 된다. 이기적 성향으로 행동할 수 있는 개인행위자와 대한민국의 안보와 발전이라는 목표를 지향하는 국가행위자를 중재하는 완충적 역할을 우리의 펭귄 사회는 해주어야 하는 것이다.

국가가 경제적 혹은 안보적 위기에 처했을 시 이곳저곳에서 국가를 걱정하는 마음을 갖기 보다 이 기회를 틈타 개인의 이권

에만 더욱 관심을 가진다면 국가 위기는 장기화될 수밖에 없다. 개인의 이권이란 단순한 물질적 이익 극대화만을 의미하지는 않는다. 위기를 틈타 자신이 조금 더 튀어보려고 하거나 자신의 명성을 알리려고 확인되지 않은 정보들을 사실로 포장하는 것들도 다원적 이기주의의 모습들인 것이다.

특히 안보의 위기에 처한 국가의 국민들은 위기 극복을 위해 더욱 더 뭉쳐야한다. 건강한 사회는 이를 더욱 가능하게 해준다. 다원주의를 내포한 국가는 뭉치기가 어렵지만 펭귄 사회의 공동체가 이 매개 역할을 해줄 수 있다. 다원성이 변질되어 다원적 이기주의화의 모습이 나타나고 있다면 국가를 위기로부터 구해내는 일은 더욱 어려워질 수밖에 없다. 이때 우리의 펭귄 사회가 다원적 개인주의화를 차단하고 해결해주는 역할을 함으로써 국가를 보호해 주어야 한다.

안보 걱정이 없을 때는 없는 음모론도 안보 위기가 있을 때는 고개를 들곤 한다. 음모론은 현실에 대한 부정에서 시작한다. 현실의 행위자 혹은 사건을 전혀 다른 시각에서 해석하려 하고 기존의 가치를 재구성하려 한다. 관성적이고 당연한 이야기에 흥미를 잃은 사람들은 너무도 쉽게 음모론에 빠져든다. 왜냐하면 그런 사람들의 흥미를 자극할 만한 충분한 재미가 있기 때문이다. 너무나도 터무니없는 음모론이 급속도로 전파되는 이유가 바로 여기에 있다. 이러한 음모론의 동원력은 엄청나기 때문에 이를 믿지 않았던 사람들도 처음에는 음모론에서 만들어낸 담론이 실제인지 아닌지 갸우뚱하다가도 결국 음모론에 빠져들곤 한다.

이런 음모론과 같은 것들을 통제해줄 수 있는 역할을 펭귄 사회는 해줄 수가 있다. 왜냐하면, 펭귄 사회는 공동체를 바탕으로 관용도 있지만 이기성도 차단해주는 규범이라는 힘도 가지고 있고 국가 존재가치를 소중히 여기기 때문이다. 2001년 미국이 9·11 테러의 충격에 시달릴 때 몇몇 음모론이 고개를 든 적이 있다. 세계무역센터는 테러리스트들이 공격한 것이 아니라 정부의 음모가 숨겨져 있다는 등의 말들이 오고갔다. 미국은 펭귄 사회가 아니었기 때문에 국가 위기시 나타난 이러한 훼방꾼들을 차단할 작동기제는 없었다. 다행히 이러한 음모론은 펭귄 사회 작동이 아닌 미국인들의 강한 애국심으로 극복되어졌다. 따라서 음모론은 오래 고개를 들지 못하고 사라졌다.

그러나 사회라는 중간 매개 없이 개인과 국가의 직접적인 연결은 장기적으로는 효과를 거두지 못한다. 앞다투어 성원을 보내던 이라크전쟁은 기대한 것만큼의 승리를 이루지 못하고 대게릴라전(Counterinsurgency)이라는 새로운 국면의 형태에서 고전하게 되자 개인들은 미국 정부의 전쟁수행에 불만의 목소리를 내기 시작하였다. 시민사회가 매개역할을 잘 한다면, 개인들의 여반장식의 변덕스러운 모습들을 통제할 수 있을 것이다. 또한 음모론에 휩싸여도 건강하게 작동하는 시민사회는 국가를 위기에서 구하기 위한 공동의 목표를 갖도록 국민들을 뭉치게 해 줄 것이다.

우리 국민들의 애국심은 보여지는 애국심이 아닌 마음속 깊히 간직하고 있는 애국심이다. 따라서 애국심은 우리들 가슴속에서 만들어져 절대 버리지 못하는 강한 애국심이다. 그렇기에 국가 위기 시에 안중근 의사와 같은 선조도 나타날 수 있었고 그렇기에 우리는 행복해왔다. 이러한 내면적 애국심이 펭귄 사회의 성숙성과 힘을 합친다면 어떠한 국가 위기가 닥쳐도 이를 극복하고 세계에 우뚝 서는 국가가 될 수 있을 것이라 생각한다.

건강한 펭귄 사회를 바탕으로 우리는 안보 무임 승차자를 없애는 환경을 조성해야한다. 국가 위기 시 국가의 힘을 분산시키는 가장 무서운 힘이 안보 무임 승차자 의식이다. 안보 무임 승차자는 단지 세금을 내지 않거나 병역의무를 수행하지 않는 것을 의미하지 않는다. 그들의 병사들이 위기를 극복하기 위해 전선에서 땀을 흘리고 있을 때, 그들의 노고에 힘을 보태기는커녕 각종 음모론을 퍼트려 선동하는 행동은 성숙한 펭귄 사회의 모습이 아니라 오히려 그들 자신을 안보 무임 승차자로 만드는 행동이다.

전자가 물질적 안보 무임 승차자라면 후자는 정신적 안보 무임 승차자인 것이다. 물질적 안보 무임 승차자에 대한 처방은 국가가 해야 하지만 정신적 안보 무임 승차자 문제는 매개 역할을 하는 시민사회가 적극적으로 해주는 것이 바람직한 사회의 모습이다. 이러한 어렵고 중요한 역할을 북극곰 사회는 해낼 의지도 자산도 없다. 하지만 이러한 문제를 해결하는 펭귄 사회의 역량은 무한하다. 펭귄 사회가 개인과 국가 모두에게 중요한 이유가 여기에 있다.

4. 북극곰의 스승 펭귄

사회는 사람들이 어울려 사는 공간이다. 개인이 혼자 다니는 공간이 아니다. 따라서 공동체적 유대감은 건강한 사회의 모습이다. 이런 사회를 저자는 펭귄 사회라고 정의했다. 그리고 그렇지 못한 사회를 북극곰 사회라고 분석했다. 우리 한국의 사회는 펭귄 사회이지만 이 강도는 다소 느슨해졌다. 이런 상황에서 미국 북극곰 사회의 모든 것들을 너무 쉽게 체로 거르지 않고 바로 받아들이는 것은 우리 사회를 펭귄 사회로부터 멀어지게 하는 해악이 될 수 있다. 그것이 우리가 미국을 막연히 따라 해서는 안 되는 이유이며, 우리의 인간적이고 공동체적인 가치를 내부의 병마로 고생하는 우리의 동맹국 미국에게 오히려 가르쳐주고 치유하는 역할을 해야 하는 것이다.

그러한 의미에서 한미동맹은 안보동맹을 넘어 사회적 동맹을 포함하는 포괄적 동맹이 되어야한다. 중요한 것은 건국초기 한국의 안보역량이 미국과의 안보 동맹 하에 미국의 원조와 안내 하에 서서히 이루어졌다고 한다면, 사회적 동맹국은 우리 한국사회가 원조하고 안내하는 역할을 해야 한다. 왜냐하면 도시화, 산업화, 세계화의 물결에도 우리 사회는 아직 펭귄 사회이기 때문이다. 안보분야의 동맹과 달리 사회분야의 동맹은 미국으로부터 받아들여야 할 점은 거의 없고 우리가 가르쳐주어야 할 부분만 산재하다는 점에서 크게 다르다. 이러한 과정에서 주의해야 할 점은 사회분야 동맹을 어설프게 시도하다가 미국의 잘못된 사회 문화도 받아들일 수 있다는 점이다. 따라서 앞서 언급한 것처럼 미국이 잘 걸어온 길과 잘못 걸어온 길을 철저히 가려내는 연구가 선행되어야 한다.

그러나 우리의 이러한 노력은 사실 우리 자신의 사회를 위해 더욱 중요하다. 우리가 따라하거나 배우는 위치에 있기 보다는 한수 가르쳐주는 스승의 위치에 있다는 인식이 사회 전반으로 확대되어 공유되어질 수 있을 때 우리의 전통적 공동체적 유대감에 긍지와 자부심을 느끼며, 이를 바탕으로 우리의 사회가

21세기형 펭귄 사회로 발전할 수 있기 때문이다. 그리고 이러한 내부의 강건함을 바탕으로 더욱 더 모범적이고 강건한 국가가 되어 세계의 무대로 점점 나아갈 수 있기 때문이다. 건강한 사회 없이는 건강한 나라도 있을 수 없다. 펭귄 사회 없이 우리나라의 지속 발전을 위한 공동체적 목표를 달성하기는 더더욱 힘들다. 우리 함께 공고한 펭귄 사회가 되도록 노력하자.

참고문헌

국방저널 2006년 5월호.

국방일보 2007년 3월 28일.

로버트 퍼트남, Making Democracy Work : Civic Traditions in Modern Italy, 프린스턴 : Princeton University Press, 1993.

로버트 퍼트남, Bowling Alone : The collapse and revival of American community, 뉴욕 : Simon and Schuster, 2000.

로버트 퍼트남, 루이스 펠드 스타인 공저, Better Together : Restoring the American Community, 뉴욕 : Simon and Schuster, 2004.

반길주, 미국패권의 지속가능성 연구 : 세력균형론과 위협균형론을 중심으로, 석사논문, 국방대학교, 2005.

서울경제 2006년 12월 31일.

새무얼 헌팅턴, Political Order in Changing Society, New Haven : Yale University Press, 1968.

새무얼 헌팅턴, The Third Wave : Democratization in the Late Twentieth Century, New York : The University of Oklahoma, 1991.

이코노미스트, 2010년 4월 24일.

이코노미스트, 2010년 7월 17일.

이코노미스트, 2010년 7월 21일.

이코노미스트, 2010년 7월 24일.

이코노미스트, 2010년 7월 31일.

이코노미스트, 2010년 8월 7일.

이코노미스트, 2010년 8월 14일.

이코노미스트, 2010년 8월 21일.
이코노미스트, 2010년 8월 28일.
이코노미스트, 2010년 9월 4일.
Kessler, David A. The end of Overeating : Taking Control of the Insatiable American Appetite, New York : RODALE.
"Stress in America," 미국심리학회, 2007년 10월 24일.
The 9 · 11 Commission Report.
"Too Fat to Fight : Retired Military Leaders Want Junk Food Out of America's Schools," Mission : Readiness(Military Leaders for kids), 2010년 4월 8일.
The Economist Intelligence Unit's Index of Democracy 2008.

온라인 참고자료

http://www.pacom.mil/.
http://cafe.naver.com/bip1008b.cafe·iframe_url=/ArticleRead.nhn%3Farti cleid=328.
http://www.tucsonsentinel.com/local/report/060210_sb1070_poll.
http://www.rasmussenreports.com/public_content/politics/elections/election_2010/election_2010_senate_elections/arizona/70_of_arizona_voters_favor_new_state_measure_cracking_down_on_illegal_immigration.
http://www.oppapers.com/essays/Serial-Killers-Americas-Next-Epidemic/74530.
http://www.telegraph.co.uk/news/uknews/1571445/World-rankings-for-reading-maths-and-science.html.
http://www.sonshi.com/news2006.html.

반 길 주 저자 프로필

1997년 해군사관학교를 졸업하고, 2005년 국방대학교에서 안전보장학 석사(국제관계 전공)를 취득하였으며, 현재 미국 애리조나 주립대학교에서 정치학 박사과정(전공 : 국제관계, 부전공 : 비교정치)을 수학 중임. 또한 집필경력으로 다수의 논문이 학술(정치학/군사학)저널에 게재되었음. 전문경력으로는 1997년 해군 소위 임관 후 현재는 해군소령이며, 1995년 미국 7함대 실습 및 2000년 미국 병과교(대잠 및 전담) 과정을 이수하였음.

북극곰 사회 - The Polar Bear Society -
미국의 사회자본과 한국의 미래

2011년 2월 21일 발행
2011년 2월 28일 1쇄

지 은 이 / 반 길 주
펴 낸 이 / 윤 현 호
펴 낸 곳 / 뿌리출판사
홈페이지 / www.rootgo.com
E-mail / rootgo@dreamwiz.com / bp1115@naver.com
주　　소 / 서울시 성동구 성수 2가 3동 317-10 우편번호/133-835
전　　화 / (代)2247-1115, 466-4516, 팩 스 / 466-4517
출판등록 / 서울시 등록(카) 제 1-551호 1987.11.23.

ⓒ 2011. 반길주
값 / 10,000원
ISBN 978-89-85622-74-5-03300

*잘못된 책은 바꾸어 드립니다.
*인지는 저자와의 협의에 의하여 생략합니다.